DE L'EXÉCUTION

DES

JUGEMENTS ÉTRANGERS

DANS LES DIVERS PAYS

—

ÉTUDE DE DROIT INTERNATIONAL PRIVÉ

PAR

CHARLES CONSTANT

AVOCAT A LA COUR D'APPEL DE PARIS

Directeur de la *France judiciaire*.

———

PRIX : DEUX FRANCS

———

PARIS

A. DURAND et PEDONE-LAURIEL, Éditeurs,

LIBRAIRES DE LA COUR D'APPEL ET DE L'ORDRE DES AVOCATS

G. PEDONE-LAURIEL, Successeur

13, rue Soufflot, 13.

—

1883

A. DURAND et PEDONE-LAURIEL, Éditeurs

Libraires de la Cour d'appel et de l'Ordre des Avocats

G. PEDONE-LAURIEL, Successeur

13, rue Soufflot, PARIS.

LA FRANCE JUDICIAIRE

REVUE BI-MENSUELLE

DE LÉGISLATION, DE JURISPRUDENCE ET D'ÉLOQUENCE JUDICIAIRE

plus spécialement consacrée à recueillir

LES LOIS ET DÉCISIONS JUDICIAIRES LES PLUS IMPORTANTES

ET LES ARRÊTS ET JUGEMENTS RENDUS DANS LE

RESSORT DE LA COUR D'APPEL DE PARIS

(Fondée en 1876)

PUBLIÉE SOUS LE PATRONAGE DE

MM. **G. Bédarrides** (C. ✸), président à la cour de cassation ; — **Larombière** (C. ✸), premier président à la cour de Paris, membre de l'Institut ; — **E. Glasson**, professeur à la faculté de droit de Paris, membre de l'Institut ; — **E. Rousse** (✸), ancien bâtonnier de l'Ordre des avocats de Paris, membre de l'Académie française

PAR

CHARLES CONSTANT

Avocat à la cour d'appel de Paris,

Avec la collaboration d'un grand nombre de magistrats, de professeurs et d'avocats.

Les abonnements partent tous du 1er novembre.

ABONNEMENT ANNUEL : 18 FRANCS.

LES SIX PREMIÈRES ANNÉES, FORMANT 12 VOL. IN-8° DE 800 PAGES, PRIX : 108 FRANCS.

AVIS IMPORTANTS

1º Il est répondu par lettre ou dans la première partie de la revue, à toutes les questions posées par les abonnés ;

2º Les abonnés ou correspondants étrangers peuvent également s'adresser à l'administration de la *FRANCE JUDICIAIRE* pour leur faciliter, en France, le moyen d'exercer ou de défendre leurs droits ou ceux de leurs nationaux ;

3º La revue laisse aux auteurs l'entière responsabilité de leurs écrits.

Adresser tous les manuscrits et toutes les communications relatives à la rédaction de la revue à M. Charles CONSTANT, avocat à la cour d'appel, 48, boulevard Saint-Michel, à Paris.

Tout ce qui concerne l'envoi des journaux, livres ou brochures (en double exemplaire), pour en être rendu compte, ainsi que l'Administration et les Abonnements doit être adressé à M. PEDONE-LAURIEL, libraire de la Cour d'appel et de l'Ordre des avocats, 13, rue Soufflot, à Paris.

DE L'EXÉCUTION DES JUGEMENTS ÉTRANGERS

DANS LES DIVERS PAYS

DE L'EXÉCUTION

DES

JUGEMENTS ÉTRANGERS

DANS LES DIVERS PAYS

———

ÉTUDE DE DROIT INTERNATIONAL PRIVÉ

PAR

CHARLES CONSTANT

AVOCAT A LA COUR D'APPEL DE PARIS

Directeur de la *France judiciaire*.

———◆———

PARIS

A. DURAND et PEDONE-LAURIEL, Éditeurs,

LIBRAIRES DE LA COUR D'APPEL ET DE L'ORDRE DES AVOCATS

G. PEDONE-LAURIEL, Successeur

13, rue Soufflot, 13.

———

1883

DE L'EXÉCUTION DES JUGEMENTS ÉTRANGERS

DANS LES DIVERS PAYS

La question de savoir comment les décisions judiciaires rendues en matière civile et commerciale, dans un pays étranger, peuvent être exécutées dans un autre, est, en droit international privé, une de celles qui présentent le plus de difficultés. Dès 1869, M. Asser, avocat à Amsterdam, signalait l'importance de cette question[1] et présentait quelques idées personnelles sur les réformes à opérer pour arriver à une législation internationale uniforme en la matière qui nous occupe. En 1874, des négociations furent entamées par le ministre des affaires étrangères des Pays-Bas[2] avec les diverses puissances européennes, pour obtenir la réunion d'un congrès international chargé d'arrêter les règles relatives à l'exécution des jugements civils dans les différents États qui donneraient leur adhésion. Ces négociations ne purent aboutir par suite des hésitations et des défiances manifestées par la plupart des puissances européennes. La question est donc toujours pendante; et il semble que, pour en faciliter la solution, plusieurs jurisconsultes éminents aient pris à tâche, en ces dernières années, de nous faire connaître la législation spéciale qui régit l'exécution des jugements étrangers en leurs pays[3]. Nous avons cru qu'il serait intéressant, aussi bien pour préciser les législations des divers pays en cette matière que pour la pratique même des affaires, de résumer les travaux précédemment publiés et de les compléter, lorsqu'il était possible, par des indications nouvelles.

1. *Revue de droit international et de la législation comparée*, 1869, t. I, p. 82, 408 et 473.

2. Voir l'analyse du mémoire alors rédigé par M. le baron Gericke de Hercoynen, ministre des affaires étrangères des Pays-Bas, dans le *Journal de droit international privé*, 1874, p. 159-164.

3. Voir notamment les études de MM. Dr PORLITZ, avocat à Trieste *(Journal de droit international privé*, 1877, p. 210); — L. HUMBLET, avocat à la cour d'appel de Liège (*idem*, 1877, p. 336); — E. de LOTH, avocat à Monaco (*idem*, 1877, p. 121); — JOSEPH G. ALEXANDER, barrister at law à Londres (*idem*, 1878, p. 22, et 1879, p. 135 et 516); — PASQUALE FIORE, professeur à l'université de Turin (*idem*, 1878, p. 235, et 1879, p. 244); — F. MARTENS, professeur à l'université de Saint-Pétersbourg (*idem*, 1878, p. 139; — COUDERT frères, avocats à New-York (*idem*, 1879, p. 21); — GRÉG. PÉTRONI, président de chambre au tribunal de Bucharest (*idem*, 1879, p. 351); — FRANCISCO SILVELA, avocat à Madrid (*idem*, 1881, p. 20); — GOOS, professeur à l'université de Copenhague (*idem*, 1881, p. 368); — N. J. SARIPOLOS, avocat à Athènes (*idem*, 1881, p. 173); — K. D'OLIVECRONA, conseiller à la cour suprême de Suède (*idem*, 1881, p. 83).

I. — En France.

En France, d'après une jurisprudence et une doctrine aujourd'hui constantes et conformes aux principes qui doivent sauvegarder la souveraineté et l'indépendance respectives des États, l'exécution des décisions rendues par les tribunaux d'un pays étranger ne saurait être ordonnée, que sauf la faculté par les tribunaux français où l'exécution se poursuit de reviser préalablement la décision du fond.

Nous ne connaissons qu'un jugement du tribunal de Versailles[1] qui limite les droits du juge national auquel on demande l'exécution d'une sentence étrangère. Le tribunal de Versailles admet bien que l'intervention du pouvoir judiciaire est commandée, d'abord, parce qu'un acte d'autorité ne peut s'exercer dans un pays que par les fonctionnaires délégués par le souverain, ensuite, afin qu'il soit examiné si le jugement étranger ne renferme pas des dispositions incompatibles avec notre ordre public et nos lois ; mais aller au delà, dit le jugement dont nous parlons, et dire que la question devra être de nouveau discutée et jugée au fond, c'est annihiler la décision du tribunal étranger, et rendre inutiles les articles 2123 du code civil et 546 du code de procédure, puisque, dans ce cas, les mesures d'exécution s'appliqueraient non plus au jugement étranger, mais en réalité au jugement du tribunal français.

Ainsi, en règle générale, on peut dire : pas de jugement étranger exécutoire en France sans revision du juge français. Cette règle ne souffre exception que par suite de dérogations formelles stipulées dans des conventions internationales[2] ; et, en tous cas, ces conventions, dérogatoires au droit commun, doivent être interprétées *stricto sensu* et ne jamais être étendues au delà de leurs termes exprès et formels[3]. Bien plus, cette règle est applicable, non seulement aux décisions étrangères rendues entre français et étrangers, mais même à celles intervenues entre deux étrangers de nationalité différente ; la loi ne fait aucune distinction à cet égard : l'exécution doit avoir lieu en France, les tribunaux français seuls sont compétents pour l'ordonner[4].

La règle générale : pas de jugement étranger exécutoire en France sans révision du juge français, est ancienne dans le droit français ; l'art. 121 de l'ordonnance de 1629 la proclamait déjà en ces termes : « Les juge-

---

1. Jugement du 8 mai 1877, Brown c. Massy, rapporté dans le *Journal de droit international privé*, 1877, p. 424.

2. Voir notamment un arrêt de la cour de Bordeaux (1re ch.) du 20 août 1879, Bartisius c. Tamanti, *France judiciaire*, IV, 2, 256.

3. Arrêt de la cour de Nancy du 3 août 1877, Dreisch c. Brech, reproduit dans le *Journal de droit international privé*, 1878, p. 42.

4. Voir notamment un arrêt de la cour de Paris (5e ch.), du 7 février 1880, Louis c. Nokes, reproduit dans la *France judiciaire*, IV, 2, 631, et un autre arrêt de la même cour du 19 février 1881, *Journal de droit international privé*, 1881, p. 156.

ments rendus, contrats ou obligations, reçus ès royaumes et souverainetés étrangères, pour quelque cause que ce soit, n'auront aucune hypothèque ni exécution en notre dit royaume, ains tiendront les contrats lieu de simples promesses, et nonobstant les jugements, nos sujets, contre lesquels ils auront été rendus, pourront de nouveau débattre leurs droits comme entiers par-devant nos officiers. »

Dans notre droit moderne, les articles 2123 du code civil et 546 du code de procédure civile déclarent également que les jugements rendus en pays étrangers ne pourront être exécutés en France que lorsqu'ils auront été rendus exécutoires par les tribunaux français[1]; et nombre de décisions judiciaires font observer que les prescriptions des articles sus-visés n'ont pas seulement pour but d'astreindre les décisions étrangères à une simple formalité, mais qu'elles imposent implicitement aux tribunaux français un droit de contrôle et le devoir de vérifier si la décision judiciaire rendue en pays étranger est conforme aux règles du droit et de la justice. Si le législateur avait pensé qu'il n'y eût lieu, en cette matière, qu'à l'accomplissement d'une pure formalité, consistant invariablement dans l'adjonction à une décision judiciaire émanant d'un tribunal étranger d'une formule destinée à assurer son exécution, ajoute un arrêt de la cour de Paris[2], il se fut borné à prescrire qu'il suffisait d'une ordonnance rendue par le président du tribunal civil seul, ainsi que l'exige l'article 1020 du code de procédure civile, au cas où il s'agit de pourvoir à l'exécution d'une sentence arbitrale, et sans qu'il soit possible à ce magistrat de la refuser ainsi qu'il résulte des termes impératifs de l'article 1021. Mais, loin de là, le législateur, dans le cas prévu par les articles 546 et 2123 du code civil, a voulu que ce fût le tribunal tout entier qui déclarât exécutoire le jugement du juge étranger; et, en laissant ainsi au tribunal français la faculté de ne pas prononcer cette déclaration, le législateur a confirmé par là son droit de juger, c'est à dire son droit de reviser.

Les tribunaux français auxquels on demandera l'exécution en France d'une décision étrangère, devront donc, non seulement rechercher si cette décision ne contient pas des dispositions contraires à l'ordre public et aux lois françaises, mais encore vérifier si elle présente le caractère d'un jugement, si elle a été rendue par un juge compétent, et enfin si elle a fait une juste application de la loi étrangère. Mais la revision de la décision étrangère à laquelle se livreront ainsi les tribunaux français, quant au fond même de la question litigieuse, devra nécessairement être plus circonspecte lorsqu'il s'agira exclusivement d'étrangers jugés par les tribunaux de leur pays, et surtout de jugements étrangers ayant fait l'application des lois étrangères. Les faits constatés devront, dans ce cas, être présumés exacts, les formes

---

1. « Un jugement émané d'une puissance étrangère, disait l'exposé des motifs, lors de la discussion de l'article 546, n'est, ni pour les officiers ministériels, ni pour les sujets de l'empire français, un ordre auquel ils doivent obéir. » — La même idée est reproduite dans le discours de Favard au Corps législatif.

2. Arrêt du 7 février 1880, Louis c. Nokes, *France judiciaire*, IV, 2, 631.

bien observées et le droit bien appliqué. Une présomption de bien jugé devra s'attacher à la décision étrangère, tant que la preuve du contraire ne sera pas rapportée ; mais tous les ménagements que le bon sens, aussi bien que les convenances réciproques des nations, commandent d'apporter dans l'exercice de la mission confiée, en pareil cas, aux tribunaux français, ne sauraient aller jusqu'à effacer la mission que la loi leur a confiée [1].

Le droit reconnu aux tribunaux français de reviser les décisions étrangères dont on demande l'exécution en France, est si étendu qu'il peut aller même jusqu'à conférer aux magistrats français le droit de rendre un jugement complètement nouveau, se substituant au premier, et d'admettre des exceptions qui auraient pu être opposées devant le tribunal étranger. C'est ainsi qu'un arrêt de cassation [2] a décidé qu'un individu, contre lequel est formée une demande d'exécution d'une décision étrangère, peut, au cours de cette instance, appeler en cause son garant, pour la première fois, comme il l'eût pu faire devant le tribunal étranger [3].

Observons, toutefois, que le droit de revision accordé aux tribunaux français ne peut être exercé par ceux-ci que dans les limites de leur juridiction propre, et en premier ou dernier ressort, suivant la nature et le taux de la demande [4].

Une des conséquences du droit accordé aux tribunaux français de reviser au fond les sentences étrangères dont on demande l'exécution, est la nécessité d'appeler en cause, par voie d'assignation et en audience publique, la personne contre laquelle l'exécution d'un jugement étranger est demandé, et cela, alors même qu'aux termes d'un traité diplomatique passé entre la France et le pays dont le jugement émane, les tribunaux français seraient tenus seulement d'examiner le mérite extrinsèque de ce jugement sans critiquer sa valeur au fond [5].

Les tribunaux français ne pourraient être saisis par voie de requête qu'autant que la décision à intervenir n'aurait rien de contentieux et ne serait pas de nature à affecter les biens de la personne d'un tiers [6]. Si la demande d'exequatur a été introduite par voie de requête, ce mode de procéder ne

1. Voir en ce sens un arrêt de la cour de Chambéry du 12 février 1869, rapporté dans SIREY, 70, II, 9.

2. Arrêt du 20 août 1872, Leroux de Villers c. Van der Heydt.

3. Voir toutefois, en sens contraire, un arrêt de Paris (1re ch.) du 20 avril 1872 (Levasseur c. Whinney), qui décide que « le litige ayant uniquement pour objet l'ordre d'exécution d'un jugement préexistant, les tribunaux français ne peuvent connaître, par voie de demande reconventionnelle, d'une exception de compensation, sans sortir des limites de compétence restreinte qui est déterminée par l'article 545 du code de procédure civile. »

4. Arrêt de la cour de Paris (5e ch.), du 7 février 1880, Louis c. Nokes, *France judiciaire*, IV, 2, 631.

5. En ce sens un arrêt de cassation du 30 janvier 1867, SIREY, 67, I, 117.

6. En ce sens, un arrêt de Nancy du 7 décembre 1872 (Bloch c. Alexandre) ; — un jugement du tribunal civil du Havre du 8 janvier 1875 (Di Piétro c. Wachter).

constitue pas une nullité d'ordre public; cette nullité peut être couverte par la comparution de la partie qui ne l'oppose pas au seuil du débat et prend au contraire des conclusions au fond[1]. L'introduction de la demande d'exequatur par voie de requête ne peut, en tous cas, avoir pour conséquence que de permettre à la partie qui s'en plaint, de se pourvoir en cassation ou de faire opposition à la décision qui n'aurait pas été rendue contradictoirement avec elle.

Dans le cas où un traité international indiquerait expressément la procédure admise et déclarerait qu'il sera statué par la chambre du conseil, l'assignation ne serait plus nécessaire; et, dans cette hypothèse, la partie qui ferait défaut, soit au jugement de la chambre du conseil qui ordonne l'exequatur, soit à l'arrêt de la chambre du conseil qui statue sur le recours, ne serait pas recevable à former opposition contre la décision du tribunal ou de la cour.

Les décisions judiciaires étrangères dont l'exequatur est demandé en France, doivent être déférées aux tribunaux de première instance, puis ensuite, s'il y a lieu, aux cours d'appel. Elles sont ainsi soumises, comme toutes les décisions françaises au double degré de juridiction; et cela est vrai pour toutes les décisions étrangères, qu'elles émanent d'un tribunal de première instance ou d'une cour souveraine, excepté pour les arrêts de cours badoises, italiennes et d'Alsace-Lorraine, en raison des traités spéciaux de 1846, de 1860 et de 1871 qui dérogent expressément, en cette matière, au droit commun. Aussi, nous ne nous expliquons pas, dans l'état actuel de la loi et des traités diplomatiques, l'arrêt rendu par la cour de Nancy (1re ch.), le 6 juillet 1877, et aux termes duquel les arrêts rendus par les cours souveraines étrangères dont l'exequatur est demandé en France, doivent être directement déférées à une cour française de même ordre, et non au tribunal de première instance[2]. Les motifs donnés par la cour de Nancy à l'appui de sa décision sont d'ailleurs fort sérieux et seront peut-être un jour pris en considération dans les traités diplomatiques; mais, nous le répétons, dans l'état actuel de nos lois et de nos traités, la jurisprudence nouvelle de la cour de Nancy nous paraît aller trop loin, elle annonce peut-être ce qui sera, elle ne nous paraît pas avoir sanctionné ce qui est.

L'exequatur ne peut être accordé qu'à une décision étrangère passée en force de chose jugée. La cour de Paris[3] a refusé l'exequatur à un jugement rendu par défaut, le 29 janvier 1864, par la cour des plaids communs d'Irlande, parce qu'il n'était pas justifié que cette décision fût intervenue sur cita-

---

1. En ce sens, un arrêt de la cour d'Aix (1re ch.), du 20 novembre 1877 (Franzoni et consorts c. Rossa).

2. Voir le texte de cet arrêt dans la *France judiciaire*, I, 2, 620.

3. Arrêt du 17 août 1877, Brown c. Massy, *Journal de droit international privé*, 1877, p. 424.

tion régulière donnée au défendeur, ou qu'elle eût été suivie contre lui d'une tentative quelconque d'exécution dans son pays d'origine, et qu'il paraissait même résulter de la législation anglaise que, à défaut d'exécution dans le délai d'an et jour, porté à six ans par le statut des 15e et 16e années Victoria, cette décision avait perdu toute force exécutoire, sauf à la partie à se faire relever de cette péremption par une nouvelle décision du juge compétent.

Un jugement ordonnant l'exécution en France d'un jugement étranger peut être attaqué par la voie de la tierce opposition conformément à l'art. 676 du code de procédure si cette sentence porte préjudice aux droits d'une personne qui n'a été ni présente, ni représentée, ni appelée en cause lors de ce jugement[1].

Nous avons dit que la règle générale : pas de jugements étrangers exécutoires en France sans revision préalable des tribunaux français, ne souffrait exception que dans les cas de dérogations formelles stipulées dans des conventions internationales. Ceci nous amène à rechercher maintenant avec quelles nations étrangères la France a signé, actuellement, des traités en ce qui concerne l'exécution des jugements étrangers, et à dire quelles dérogations à la règle générale y sont stipulées.

Entre la France et le *Grand Duché de Bade* existe une convention diplomatique en date du 16 avril-14 juin 1846, aux termes de laquelle les jugements et arrêts en matière civile ou commerciale, rendus par les tribunaux compétents de chacun des deux États et revêtus des formalités prescrites[2], sont exécutoires sans revision dans l'autre. L'art. 2 de ce même traité, pour échapper aux controverses qui n'auraient pas manqué de s'élever sur l'étendue de la compétence des tribunaux de chaque pays, a pris soin de désigner, limitativement, dans quels cas ces tribunaux seraient réputés compétents. En matière personnelle et mobilière, l'art. 2 ne reconnaît d'autre tribunal compétent que celui dans l'arrondissement duquel le défendeur a son domicile ou sa résidence, se conformant ainsi à ce principe tutélaire qui trouve surtout son application dans les relations internationales, que nul ne peut être distrait de ses juges naturels. Aussi le tribunal de la Seine[3], avec raison selon nous, a refusé l'exequatur à un jugement rendu par un tribunal badois, parce que celui-ci avait statué contre une personne qui avait sa résidence à Paris.

Les articles 1 et 3 du traité franco-badois de 1846 ont été rendus applicables à l'*Alsace-Lorraine*, par le traité du 11 décembre 1871, et à l'Allemagne, en vertu du traité de paix du 10 mai 1871.

Un arrêt du tribunal supérieur du grand duché de Bade, du 25 septembre 1873 a reconnu la remise en vigueur du traité de 1846 par la con-

---

1. Tribunal de Bayonne, 17 mars 1874, Perrot.

2. Le demandeur doit produire une expédition légalisée du jugement, la preuve de la signification et un certificat constatant qu'il n'y a ni opposition ni appel.

3. Jugement du 15 avril 1876, Haas c. Posno.

vention de 1871, et a résumé l'économie de ce traité. D'après l'article 1er, les décisions rendues par les juridictions compétentes d'un État dans les causes civiles, y compris les causes commerciales, obtiennent force exécutoire dans l'autre État, pourvu que les parties observent les formalités imposées par l'article 3. L'article 2 établit dans quels cas les décisions seront réciproquement reconnues dans chaque État comme compétemment rendues, et dans l'article 3, il est dit que les parties au profit desquelles une décision est rendue, doivent, lorsqu'elles en tirent parti, pour prouver qu'il y a autorité de chose jugée ou poursuivre l'exécution sur les biens situés dans l'autre État, présenter une expédition authentique, les significations et un certificat du greffier constatant qu'il n'existe contre le jugement ni opposition ni appel. Le traité, en demandant l'apport du certificat du greffier sur la force exécutoire, a eu pour but d'éviter que les juridictions de l'autre État, qui ne peuvent avoir connaissance officielle de la législation de l'État auquel appartient la juridiction qui a statué, ne soient dans la nécessité de se reporter à cette législation sur la force exécutoire. Rien ne peut donc suppléer le certificat du greffier.

S'appuyant sur les articles 1 et 3 du traité de 1846, la cour de Nancy[1] a décidé notamment qu'en cas de demande reconventionnelle en résiliation du bail formé contre le demandeur principal dans une action tendant au payement des loyers échus, le tribunal badois qui n'était saisi de ladite demande qu'incidemment à l'action originaire portée devant lui, ne pouvait être considéré comme tribunal compétent aux termes des traités de 1846 et de 1871, lorsque la partie reconventionnelle défenderesse n'était pas domiciliée dans son ressort ; et que dans ces conditions, l'exécution de la décision badoise rendue sur la demande reconventionnelle ne devait pas être ordonnée en France.

Les traités passés entre la France et la *Sardaigne* le 24 mars 1760 et le 11 septembre 1860, traités qui s'appliquent aujourd'hui au royaume d'*Italie*[2], décident qu'un jugement italien n'est exécutoire en France, que s'il est déclaré exécutoire par le tribunal français, après examen portant sur la régularité de la procédure, la compétence de la juridiction qui a statué, la conformité de la décision avec les principes d'ordre public et constitutionnels de l'État. La déclaration du 11 septembre 1860, échangée à Turin, pour l'exécution réciproque des décrets et jugements des cours supérieures selon la forme du droit, est ainsi conçue :

Pour favoriser l'exécution réciproque des décrets et jugements, les cours suprêmes déféreront de part et d'autre à la forme du droit, aux réquisitoires qui leur seront adressés et aux fins mêmes sous le nom desdites cours.

Désirant écarter à l'avenir toute espèce de doute ou de difficulté dans l'application que les cours des deux pays sont appelées à en faire, les gouvernements

---

1. Arrêt du 3 août 1877, Dreisch c. Brech. *J. de droit int. privé*, 1878, p. 42.

2. Voir sur ce point un arrêt de la cour de Paris (1re ch.), du 1er décembre 1879, La Modérazione c. chambre d'assurance maritime, *France judiciaire*, IV, 2, 175.

de France et de Sardaigne, à la suite d'explications mutuellement échangées sont convenus qu'il doit être interprété de la manière suivante :

Il est expressément entendu que les cours en déférant à la forme du droit aux demandes d'exécution des jugements rendus dans chacun des deux États, ne devraient faire porter leur examen que sur les trois points suivants, savoir : 1º Si la décision émane d'une juridiction compétente; — 2º S'il a été rendu, les parties dûment citées et légalement représentées ou défaillantes; — 3º Si les règles du droit public ou les intérêts de l'ordre public du pays où l'exécution est demandée, ne s'opposent pas à ce que la décision du tribunal étranger ait son exécution.

La présente déclaration servira de règle aux tribunaux respectifs dans l'exécution du § 3 de l'article 22 du traité de 1760.

Ainsi, une cour d'appel saisie d'une demande d'exécution en France d'une décision italienne par une partie qui est munie de lettres rogatoires régulières et conformes aux traités diplomatiques ne peut, soit directement soit indirectement, examiner le fond de l'affaire, modifier cette décision ou surseoir à son exécution[1]. Un magistrat français n'a ce droit, comme nous l'avons dit plus haut, qu'à l'égard des jugements émanés de tribunaux appartenant à une nation avec laquelle il n'existe pas de traité spécial.

Sur les formes de l'exécution des jugements italiens en France et notamment sur le point de savoir devant quelle juridiction et par quelle voie judiciaire il faut procéder, une controverse s'est élevée[2]; mais il résulte de la jurisprudence et de la pratique constante de la cour de Paris[3] que lorsqu'il y a des lettres rogatoires, le débat est porté immédiatement devant la cour par assignation à la partie, et l'examen se concentre sur les trois points indiqués au traité de 1860. Lorsqu'il n'y a pas de lettres rogatoires, la demande subit les deux degrés de juridiction et rentre, pour les jugements italiens, comme pour tous les autres jugements étrangers, dans les termes généraux de la loi, sauf l'examen à faire par le juge français.

Les lettres rogatoires des cours italiennes n'ont pas besoin d'être adressées aux cours françaises par la voie diplomatique, et la cour de Paris accueille, en général, sans difficulté, les lettres rogatoires présentées par la partie elle-même[4].

L'assignation en audience publique de la partie adverse est nécessaire[5], et la cour de Paris refuserait l'exécution d'une décision italienne qui lui serait demandée par voie de requête, alors même que l'objet de la sentence étrangère serait essentiellement de la compétence, en France comme en Italie, de la chambre du conseil[6].

1. Voir notamment un arrêt de la cour de Paris (1re ch.), du 20 août 1880, Dupuy c. Bonacini Guastalla.

2. Voir deux articles publiés sur cette question, dans le *Journal de droit international privé*, 1878, p. 7 et 112.

3. Notamment un arrêt du 29 mai 1869, Amerighi, *J. le Droit* du 1er juin 1869.

4. Notamment un arrêt de la cour de Paris (6e ch.), du 9 janvier 1875, *Le Droit* du 17 janvier.

5. Arrêt de cassation du 30 janvier 1867, Estivaut.

6. Arrêt de Paris (crim.), du 5 mai 1874, Mellerio.

Il a été en outre décidé[1] que les dispositions des traités diplomatiques qui permettent de poursuivre en France l'exécution des jugements italiens, s'appliquent aussi bien au cas où le jugement est intervenu entre deux Italiens qu'au cas où il intéresse un Français et un Italien. Qu'enfin celui qui demande l'autorisation d'exécuter en France un jugement italien doit justifier qu'il est l'ayant droit de celui qui l'a obtenu et qui est partie au jugement.

Avec la *Russie*, il n'existe pas de traité modifiant les règles générales de la juridiction française sur l'exécution des jugements étrangers. Les traités des 11 janvier 1787 et 16 septembre 1846 ne contiennent aucune disposition relative à l'exécution des jugements rendus par les tribunaux de Russie, si ce n'est à l'égard des contestations sur les héritages dans les cas prévus par l'article 16 du traité de 1787[2].

Il n'existe pas davantage de traités avec l'*Angleterre*, et nous devons nous borner à rapporter ici quelques décisions d'espèces. La première est un jugement du tribunal de la Seine[3] qui, par application de la règle *actor sequitur forum rei*, a décidé qu'un sujet anglais qui a obtenu une décision de la Haute Cour de Justice d'Angleterre condamnant par défaut un sujet français au payement d'une somme d'argent ne peut faire déclarer cette décision exécutoire en France. La seconde est un arrêt de la cour de Rennes[4] qui a décidé que des Français, membres d'une société anglaise, ne peuvent être actionnés en payement du montant de leurs souscriptions devant la Haute Cour de Justice d'Angleterre et qu'une sentence rendue contre eux par cette juridiction ne peut être déclarée exécutoire en France, alors surtout qu'ils n'ont pas été régulièrement appelés devant le juge anglais, qu'ils n'ont pas été assignés devant lui par un officier public institué en France à cet effet, qu'ils n'ont pas été mis en mesure de se défendre devant la juridiction anglaise, qu'ils n'ont pas obtenu devant le maître des rôles les légitimes garanties d'une défense sérieuse, et qu'il a été ainsi contrevenu aux principes fondamentaux sur lesquels repose notre législation française.

Avec la *Suisse*, la France a passé une convention à la date du 15 juin 1869 qui indique expressément la procédure à suivre en matière de demande d'exécution en France d'un jugement rendu par les tribunaux suisses. Cette convention est ainsi conçue :

Art. 15. — Les jugements ou arrêts définitifs en matière civile ou commerciale, rendus soit par les tribunaux soit par des arbitres, dans l'un des deux États con-

---

1. Cour d'Aix (1re ch.), 13 mars 1879, Chabriniac et Drujai.

2. Voir en ce sens un arrêt de Paris du 29 février 1881, Varlé c. Hava, *Journal de droit international privé*, 1881, p. 156.

3. Tribunal de la Seine (1re ch.), 4 février 1880, Howe c. Bernheim.

4. Arrêt du 26 décembre 1879, Floating c. Cézard.

tractants, seront, lorsqu'ils auront acquis force de chose jugée[1], exécutoires dans l'autre, suivant les formes et dans les conditions indiquées dans l'article 16.

Art. 16. — La partie en faveur de laquelle on poursuivra, dans l'un des deux États, l'exécution d'un jugement ou d'un arrêt devra produire au tribunal ou à l'autorité compétente du lieu ou de l'un des lieux où l'exécution doit avoir lieu :

1o L'expédition du jugement ou de l'arrêt légalisé par les envoyés respectifs ou, à leur défaut, par les autorités de chaque pays ;

2o L'original de l'exploit de signification dudit jugement ou arrêt ou tout autre acte qui, dans le pays, tient lieu de signification ;

3o Un certificat délivré par le greffier du tribunal où le jugement a été rendu, constatant qu'il n'existe ni opposition ni appel, ni autre acte de recours.

Sur la représentation de ces pièces, il sera statué sur la demande d'exécution, savoir : en France, par le tribunal réuni en chambre de conseil, sur le rapport d'un juge commis par le président et les conclusions du ministère public ; et en Suisse, par l'autorité compétente dans la forme prescrite par la loi. Dans l'un et l'autre cas, il ne sera statué qu'après qu'il aura été adressé à la partie contre laquelle l'exécution est poursuivie une notification indiquant le jour et l'heure où il sera prononcé sur la demande.

Art. 17. — L'autorité saisie de la demande d'exécution n'entrera point dans la discussion de l'affaire. Elle ne pourra refuser l'exécution que dans les cas suivants : 1o si la décision émane d'une juridiction incompétente[2] ; — 2o si elle a été rendue sans que les parties aient été dûment citées et légalement représentées ou défaillantes ; — 3o si les règles du droit public ou les intérêts de l'ordre public du pays où l'exécution est demandée s'opposent à ce que la décision de la juridiction étrangère y reçoive son exécution.

La décision qui accorde l'exécution et celle qui la refuse ne seront pas susceptibles d'opposition, mais elles pourront être l'objet d'un recours devant l'autorité compétente, dans les délais et suivant les formes déterminées par la loi du pays où elles auront été rendues.

Art. 18. — Quand le jugement emportera contrainte par corps, le tribunal ne pourra ordonner l'exécution en cette partie de la décision, si la législation du pays ne l'admet pas dans le cas dont il s'agit au jugement. Cette mesure ne pourra, dans tous les cas, être exercée que dans les limites et suivant les formes prescrites par la loi du pays où l'on poursuit son exécution.

Art. 19. — Les difficultés relatives à l'exécution des jugements et arrêts, ordonnée conformément aux articles 15, 16 et 17 seront portées devant l'autorité qui aura statué sur la demande d'exécution.

1. Le jugement par défaut non exécuté en France dans les six mois n'étant ni définitif ni passé à l'état de chose jugée, ne saurait recevoir d'exécution en Suisse. La partie demanderesse devrait obtenir un procès-verbal de carence en France, rédigé en temps voulu. (Tribunal civil de Genève, 20 mars 1880, société de Vallemar c. Delisle ; *Semaine judiciaire de Genève*, 1880, p. 284.)

2. L'acceptation par un citoyen Suisse, domicilié en Suisse, de la compétence des tribunaux français, pour certaines affaires déterminées, constitue une renonciation permise au bénéfice de l'article 17 du traité du 15 juin 1869, et ce citoyen suisse n'est plus fondé à attaquer ensuite la compétence des tribunaux français en soutenant que son acceptation constitue une violation du traité. (Tribunal fédéral de Genève, 2 juillet 1875 ; *Gazette des tribunaux suisses*, 1875, no 28.)

Aux termes du protocole annexé au traité du 15 juin 1879, le sujet suisse assigné par un français devant un tribunal français qu'il croit incompétent, peut, sans être tenu de se présenter à la barre pour soulever le moyen d'incompétence, adresser au procureur de la République des notes et observations propres à l'éclairer sur l'application à la cause des stipulations du traité. Cette disposition additionnelle n'a d'ailleurs pas pour effet de déroger aux règles du droit commun en matière de procédure civile, et de faire considérer comme contradictoire le jugement rendu en l'absence du défendeur, alors même qu'il a transmis des notes et des observations[1].

II. — En Allemagne.

Le principe de la réciprocité en matière d'exécution de jugements étrangers est adopté par la plupart des États allemands. Les articles 660 et 661 du code de procédure règlent la matière. Aux termes de ces articles, le jugement d'exequatur est rendu sans revision du fond; toutefois il est refusé : a) quand le jugement étranger n'a pas encore acquis force de chose jugée d'après la loi du pays où il a été rendu; b) quand l'exécution tend à un acte défendu par la loi allemande; c) quand, d'après la loi allemande, le juge étranger était incompétent; d) quand le débiteur est allemand et a fait défaut, alors du moins que l'assignation n'a été ni remise à sa personne dans le pays étranger, ni notifiée par l'intermédiaire de l'autorité allemande; e) quand il s'agit d'un pays qui n'accorde pas la réciprocité.

III. — En Angleterre.

En Angleterre, il est de règle que les jugements étrangers, soit *in rem*, soit *in personam*, doivent être reconnus comme définitifs, sans examen préalable. Toutefois, il est nécessaire que le jugement étranger dont on poursuit l'exécution ait été rendu en dernier ressort ou passé en force de chose jugée; qu'il contienne, en ce qui concerne les faits substantiels de la cause, des énonciations assez claires pour qu'on puisse en induire nécessairement qu'il crée un lien de droit contre le défendeur[2]; qu'il ait été rendu par un tribunal compétent; et que tout, enfin, se soit passé si régulièrement, qu'alors même que le défendeur serait encore, de par sa résidence, soumis à la juridiction du tribunal auteur du jugement, il ne puisse s'opposer à l'exécution de ce jugement. S'il n'est pas manifestement prouvé que le jugement produit ne satisfait pas à l'une ou l'autre des conditions ci-dessus, le jugement étranger est considéré comme régulier et peut être exécuté en Angleterre.

Un créancier, nanti contre son débiteur, d'un jugement rendu par un tri-

1. En ce sens, arrêt de cassation du 12 juin 1879, Weiss c. ville de Genève, DALLOZ, 1880, I, 21.

2. Il ne serait pas absolument nécessaire que les questions de forme fussent entièrement rapportées dans le jugement, les faits substantiels seuls ont besoin d'être clairement exposés.

bunal étranger et désireux d'obtenir l'exécution de ce jugement en Angleterre, n'a qu'à produire une copie authentique du jugement rendu en sa faveur. Cette copie devra être munie du sceau ou timbre du tribunal ou de la cour qui a prononcé la décision. Si la cour ou le tribunal n'a pas de sceau particulier, la copie en question devra être signée par le président ou l'un des juges et revêtue du cachet ou timbre particulier au magistrat signataire. Dans ce dernier cas, il sera bon, quoique ce ne soit pas absolument indispensable, de faire légaliser la signature du magistrat par l'ambassadeur ou le consul anglais et de faire certifier par celui-ci que le juge est dûment qualifié pour remplir les fonctions qu'il occupe.

Si nous n'écrivions ici que pour les plaideurs, nous leur dirions qu'il leur suffit d'envoyer à un *solicitor* (avoué) la copie de la décision étrangère à faire exécuter en Angleterre, et que cet officier ministériel fera le reste; mais nous rédigeons ces notes pour des jurisconsultes de tous pays qui veulent aussi connaître avec plus de détails la procédure d'exécution d'un jugement étranger, et nous leur devons quelques renseignements complémentaires.

Et d'abord, en ce qui concerne la compétence, les tribunaux anglais ne se considèrent pas comme ayant qualité pour connaître des actions tendant à déclarer ou à attribuer la possession ou la propriété de biens meubles ou immeubles, quand ces biens ne se trouvent pas dans le ressort de leur juridiction territoriale. Le tribunal compétent pour connaître, en cas de contestations, du jugement étranger dont on poursuit l'exécution, devra donc être celui du domicile du sujet anglais contre lequel les poursuites ont lieu, et, de préférence, celui où il possède des immeubles et où se trouve l'objet en litige.

L'on distinguera encore le cas où le jugement étranger est présenté par un demandeur comme base de sa demande et celui où le défendeur se fonde sur cette décision en excipant de la chose jugée. Dans le premier cas, le jugement étranger est regardé comme portant sur une obligation ayant le caractère d'un quasi-contrat; dans le second, on procède par voie d'opposition (*estopel*).

Il peut être utile de connaître quelles personnes sont liées par le jugement étranger produit en Angleterre; il est donc bon de noter que, d'après les lois anglaises, la partie autorisée à invoquer un jugement étranger peut être : *a*) le demandeur dans l'action intentée à l'étranger, ou ses ayants cause; *b*) le défendeur, ou ses ayants cause; *c*) un intervenant ou ses ayants cause; *d*) une partie étrangère à la cause lorsque le jugement crée des droits opposables à des tiers.

La partie qui a été demanderesse dans une action intentée à l'étranger est absolument liée par la décision rendue. Quand la partie qui a été défenderesse dans l'action intentée à l'étranger veut mettre à exécution le jugement rendu en sa faveur à l'étranger, elle ne peut être que défenderesse en Angleterre, excepté dans le cas où elle poursuit la partie qui a été demanderesse à l'étranger pour les frais de l'action portée devant les tribunaux étrangers.

Pour qu'un jugement étranger soit sanctionné par les cours de justice anglaises, il faut encore : *a*) que la partie contre laquelle on veut faire rendre le jugement obligatoire ait eu connaissance de la demande ; *b*) qu'elle ait eu la possibilité de se défendre ; *c*) que le juge n'ait pas été une partie intéressée ; *d*) que le jugement n'ait pas été obtenu grâce aux manœuvres frauduleuses de la cour ou de la partie qui a obtenu gain de cause ; *e*) que le tribunal étranger n'ait pas refusé d'appliquer les règles généralement admises en matière de courtoisie internationale relativement à l'application de la loi locale à l'espèce qui lui était soumise.

C'est à la partie qui soutient que le jugement étranger n'est pas valable par le défaut de l'une de ces conditions, qu'incombe la charge de prouver l'inexactitude de cette affirmation.

Il est à peine besoin d'ajouter que l'effet des jugements étrangers en Angleterre est limité, comme dans tous les pays, par des considérations tirées de l'ordre public et des intérêts de l'État, et que toute décision judiciaire étrangère qui serait jugée contraire soit à l'ordre public, soit à la morale, soit à la législation positive en Angleterre, ne saurait être rendu obligatoire par les tribunaux anglais, alors même qu'elles pourraient être considérées comme valables d'après la loi du pays dans lequel elles ont été rendues.

Quant aux actions fondées sur des délits, les cours anglaises ont depuis longtemps posé en principe que, quand on prétend qu'un délit a été commis dans un pays étranger, pour que l'action soit intentée avec succès en Angleterre ou que la décision obtenue à l'étranger puisse y être exécutoire, il faut que le fait soit considéré comme délit par les lois de ce pays et les lois anglaises.

En ce qui concerne les questions d'état, il importe de rappeler ici quelques décisions rendues par les cours d'Angleterre. Ainsi le tuteur, nommé par un tribunal étranger, ne sera pas considéré nécessairement comme tuteur d'un enfant étranger en Angleterre ; mais les cours anglaises prendront presque toujours cette nomination en considération et nommeront le même tuteur, à moins qu'il n'y ait, dans l'intérêt du mineur, quelque bonne raison d'agir autrement. Notons, en passant, que la législation anglaise ne reconnaît pas les curateurs des prodigues.

Relativement aux décisions sur la validité des mariages, le grand principe admis par la jurisprudence anglaise, est que la loi du domicile règle la capacité des parties contractantes, et que, pour les formalités du mariage, il suffit d'observer celles qui sont prescrites par la loi du pays où l'union a été célébrée.

Quant au divorce, il est de règle qu'un divorce étranger ne peut rompre un mariage anglais entre sujets anglais. Une affaire rapportée dans le *Times* du 8 mai 1868 met fort bien ce principe absolu en lumière.

Un nommé Buxton avait épousé, à Manchester, en 1828, une jeune fille à peine âgée de dix-sept ans, nommée Élisabeth Hickson. Ce mariage avait été le résultat de manœuvres frauduleuses, et Buxton avait été poursuivi et condamné pour ce fait à plusieurs années d'emprisonnement. En 1838, un acte de séparation de corps intervenait entre les parties. Mais, en 1845, Élisabeth Hickson, qui demeurait alors à Derby, fut demandée en mariage par un gentleman nommé Shaw. Ce mariage nouveau ne pouvait être contracté en présence du précédent, toujours existant en droit, quoique n'existant plus en fait, et les deux futurs époux se rendirent alors en Écosse et fixèrent leur domicile à Édimbourg. Buxton, qui vivait de son côté en concubinage avec une autre femme, se rendit aussi à Édimbourg, et, après une résidence de quarante jours, Élisabeth Hickson l'y actionna en divorce. Conformément à la loi écossaise, le divorce *a vinculo matrimonii* fut prononcé, et Élisabeth Hickson, devenue libre, épousa Shaw dont elle eut trois enfants. Longtemps après, les époux Shaw étant morts, la question s'agita de savoir si les enfants étaient légitimes, et l'affaire vint en appel à Londres devant la chambre des lords. D'après la loi anglaise, le divorce Buxton n'avait pu être légalement obtenu, par suite le mariage Shaw était nul et les enfants illégitimes ; d'après les lois écossaises, c'était tout le contraire. La chambre des lords a décidé que les enfants Shaw étaient illégitimes, et, en motivant sa décision, lord Cranworth, tout en manifestant ses regrets d'être obligé de statuer comme il le faisait, fit observer que, quelle que pût être la décision des cours écossaises[1] sur ce sujet du divorce, les tribunaux anglais ne pouvaient leur reconnaître le droit de toucher à l'inviolabilité du mariage anglais, ni à aucune de ses conséquences accessoires.

Cet exemple nous paraît frappant et établit mieux qu'on ne pourrait le faire, à l'aide de textes de lois, cette règle absolue : un mariage anglais ne peut être dissous par un divorce étranger. Toutefois, si les parties qui ont obtenu le divorce à l'étranger ont été domiciliées réellement dans ce pays, quelques décisions anglaises ont reconnu la validité du divorce prononcé à l'étranger. A plus forte raison en serait-il ainsi, si le divorce avait été prononcé à l'étranger pour un motif admis par la législation anglaise, et si les parties n'avaient pas recouru par collusion à la juridiction du pays étranger.

En ce qui concerne les jugements des tribunaux étrangers conférant la qualité d'exécuteur testamentaire sur les biens d'une personne décédée, c'est une règle absolue que la personne régulièrement désignée comme exécuteur testamentaire dans le pays du domicile du défunt doit être nommée aux mêmes fonctions en Angleterre. Quant à l'administrateur étranger, il ne peut agir en cette qualité en Angleterre avant d'y avoir obtenu des lettres auxiliaires d'administration.

En résumé, dans toutes les espèces où s'agitent des questions d'ordre public, de bonnes mœurs et d'état des personnes, les cours anglaises reconnaissent les décisions du tribunal du domicile dans les cas où elles admettent la loi du domicile, mais dans ceux-là seulement.

1. L'on sait que l'Écosse ayant ses lois spéciales, les décisions judiciaires des tribunaux écossais passent pour des décisions étrangères devant les cours de justice anglaises.

IV. — En Autriche.

En Autriche, les tribunaux n'ont pas, en règle générale, à reviser les sentences des juges étrangers, mais ils n'accordent l'exequatur que si la nation étrangère accorde la réciprocité aux sentences des juges autrichiens. Aux termes des lois et décisions ministérielles en vigueur, la juridiction saisie de la demande d'exequatur n'a qu'à examiner : si le jugement émane d'un tribunal compétent, s'il a été rendu dans les formes et s'il a acquis force de chose jugée ; il doit en outre vérifier s'il ne consacre pas une injustice évidente.

Lorsqu'il s'agit de rendre exécutoire en Autriche un jugement rendu par une juridiction étrangère, le tribunal autrichien n'a qu'à entendre les parties et à examiner si le jugement ne contient pas de dispositions contraires aux lois autrichiennes ; mais il va de soi qu'une décision judiciaire étrangère ne pourrait être rendue exécutoire en Autriche qu'autant qu'elle serait elle-même exécutoire dans le pays d'où elle émane. C'est ce qui a été jugé notamment, le 20 octobre 1877, par la cour suprême de Vienne, dans une espèce où l'on demandait l'exécution d'un jugement émanant d'une juridiction polonaise, mais qui n'était plus susceptible d'exécution en Pologne, étant par défaut et ayant été périmée faute d'exécution dans les six mois.

V. — En Belgique.

En Belgique, l'article 10 du nouveau code de procédure civile, promulgué le 25 mars 1876, règle la matière qui nous occupe ; il est ainsi conçu :

Les tribunaux civils connaissent des décisions rendues par les juges étrangers en matière civile et en matière commerciale.

S'il existe, entre la Belgique et le pays où la décision a été rendue, un traité conclu sur la base de la réciprocité[1], leur examen ne portera que sur les cinq points suivants : 1º si la décision ne contient rien de contraire à l'ordre public, aux principes de l'ordre public belge[2]; — 2º si, d'après la loi du pays où la décision a été rendue, elle est passée en force de chose jugée[3]; — 3º si, d'après la

---

1. La Belgique n'a conclu aucun traité de ce genre et tous les pays étrangers se trouvent à son égard dans la même situation.

2. « Il se conçoit qu'un juge belge ne peut déclarer exécutoire une décision qu'il lui serait interdit de rendre en Belgique. » (BORMANS, *Commentaire sur le code de procédure civile belge*. De la compétence, p. 226.) Il est à peine besoin de rappeler que les dispositions, qui intéressent l'ordre public ou le droit public, sont notamment celles qui concernent l'état des personnes ou leur liberté, telles que les lois sur le mariage, le divorce, la puissance paternelle, la contrainte par corps, la liberté industrielle, etc.

3. « Les mots : *passés en force de chose jugée*, sont plus exacts que ceux-ci : *contre laquelle il n'existe aucune voie de recours*; car le délai du pourvoi en cassation ni le pourvoi lui-même ne sont suspensifs. Ce que nous voulons, c'est qu'on puisse exécuter en Belgique précisément dans le cas où l'on pourrait le faire à l'étranger. » (Rapport de la commission extra-parlementaire.)

première loi, l'expédition qui en est produite réunit les conditions nécessaires à son authenticité; — 4° si les droits de la défense ont été respectés[1]; — 5° si le tribunal étranger n'est pas uniquement compétent à raison de la nationalité du demandeur[2].

Deux cas sont donc à examiner pour déterminer, en Belgique, la procédure à suivre afin de rendre exécutoire une décision judiciaire étrangère, suivant qu'il existe ou qu'il n'existe pas de traité entre la Belgique et le pays dans lequel la décision a été rendue. Quand il n'existe pas de traité, c'est l'article 546 du code de procédure civile de 1804 et l'article 2123 du code civil de la même époque, qui demeurent applicables. Il faudra donc que les décisions judiciaires rendues à l'étranger soit rendues exécutoires par les tribunaux belges; c'est-à-dire que ceux-ci devront examiner le fond même de l'affaire; qu'un nouveau jugement belge interviendra, se substituera à la décision étrangère, et sera en réalité, le nouveau jugement belge qui seul sera exécuté. S'il existe au contraire un traité entre la Belgique et le pays dans lequel la décision étrangère a été rendue, c'est le § 2 de l'article 10 du nouveau code de procédure civile qui sera applicable; l'examen du tribunal civil belge ne portera plus que sur les quelques points d'ordre général déterminés par cet article, et la décision étrangère sera réellement exécutoire par elle-même, après la simple vérification faite par les tribunaux belges.

Il est certain que l'article 10 du nouveau code de procédure civile belge est en progrès sur la législation de 1804; il a formellement introduit l'action en exequatur, qui n'était reconnue par aucun texte antérieur, et il a soumis cette action aux garanties de la publicité et du débat contradictoire, aux voies légales du recours, à toutes les garanties qui, en Belgique, entourent l'exercice du pouvoir judiciaire[3]. Mais, pour que l'article 10 soit applicable, il faut que des traités diplomatiques interviennent au sujet de l'exécution des jugements, entre la Belgique et les diverses nations étrangères; et, à l'heure actuelle, aucun traité de ce genre n'a été signé.

On remarquera qu'en Belgique, c'est toujours, et dans tous les cas, le tribunal civil qui est compétent pour rendre exécutoire les décisions judiciaires étrangères, soit qu'elles aient été prononcées par une cour d'appel ou un

1. Les droits de la défense sont respectés si les parties ont été régulièrement citées, et si elles ont été légalement représentées ou régulièrement déclarées défaillantes. (Rapport de la commission et discussion à la Chambre.)

2. Ce dernier paragraphe a été introduit par le Sénat. Il vise les cas notamment où un Français, ayant obtenu en France un jugement contre un Belge, pour une obligation contractée à Bruxelles, voudrait exécuter ce jugement en Belgique. Le législateur belge n'a pas voulu que ce Français, qui n'a pas voulu se soumettre à la justice belge pour réclamer d'elle un jugement de condamnation, puisse venir s'adresser à elle uniquement pour obtenir un *pareatis*.

3. Voir dans la *Belgique judiciaire*, 1881, p. 114, une étude critique de M. Pierre Splingard, avocat à la cour de Bruxelles, sur l'*Exécution en Belgique des décisions judiciaires étrangères*.

tribunal de première instance soit qu'elles l'aient été par un tribunal de commerce, par un juge de paix, un juge de référé, ou une juridiction extraordinaire quelconque.

Voici maintenant quelques décisions des cours et tribunaux de Belgique intervenues depuis le 25 mars 1876, c'est-à-dire depuis la promulgation de l'article 10 du code de procédure civile :

a) Tribunal de Bruxelles, 21 avril 1877 (*Pasicrisie*, 1878, 3, 88).— Un jugement rendu par un tribunal de commerce français est susceptible d'exequatur en Belgique. Les tribunaux civils saisis d'une demande en exequatur d'un tel jugement doivent reviser le fond de l'affaire, aucun traité conclu sur la base de la réciprocité n'existant entre la Belgique et la France.

b) Tribunal de Courtrai, 21 juin 1879 (*Pasicrisie*, 1879, 3, 341).—L'article 10 de la loi du 25 mars 1876 n'a dérogé à la législation antérieure que pour le cas où il existe un traité de réciprocité. L'examen des conditions spéciales exigées par cet article n'est donc pas requis lorsque, par suite de l'absence de traité, il y a lieu de reviser le fond du litige; et spécialement, il suffit que le jugement étranger soit exécutoire, il ne faut pas qu'il soit passé en force de chose jugée.

La signification du jugement étranger, suivie d'une demande d'exequatur dans les six mois de sa date constitue, au point de vue de l'article 159 du code de procédure, une exécution du jugement rendu par défaut en France à charge d'un Belge qui n'a, dans ce pays, ni domicile, ni résidence, ni bien saisissables.

c) Tribunal de Bruxelles, 12 février 1879 (*Pasicrisie*, 1879, 3, 136). — Le syndic d'une faillite déclarée à l'étranger contre un Belge, n'a pas qualité en Belgique pour demande l'exequatur du jugement qui a déclaré la faillite et l'a nommé syndic.

d) Tribunal d'Anvers, 27 juin 1879 (*Pasicrisie*, 1880, 3, 45).— Un Anglais est recevable à réclamer devant les tribunaux belges la revision de décisions rendues par le juge anglais et au profit d'un autre Anglais.

Mais il n'est pas fondé à invoquer la loi belge sur les sociétés commerciales pour faire déclarer illégal un mode de liquidation provoqué par lui-même devant le magistrat anglais, en vue de mettre fin à une association conclue en Angleterre et entre sujets anglais.

Toutefois les décisions ainsi rendues doivent être déclarées exécutoires en Belgique, s'il n'est pas dénié qu'elles sont, au point de vue de la loi anglaise, régulières et passées en force de chose jugée.

e) Tribunal de Bruxelles, 30 janvier 1880 (*Pasicrisie*, 1880, 3, 139). — Le jugement qui prononce la séparation de biens entre deux époux tient au statut personnel, et quand il a été rendu par un tribunal étranger, entre étrangers, il peut être exécuté en Belgique sans avoir été au préalable revisé quant au fond.

f) Tribunal de Liège, 19 janvier 1881 (*Pasicrisie*, 1881, 3, 278). — L'exequatur ne peut être accordé qu'aux décisions judiciaires passées en force de chose jugée, et il n'y a pas lieu de distinguer si les sentences émanent de pays ayant ou non, avec la Belgique, un traité conclu sur la base de la réciprocité.

La voie d'exécution d'un jugement par défaut doit être portée à la connaissance de la partie défaillante.

Un procès-verbal de carence dressé en pays étranger doit être notifié à personne ou à domicile, en Belgique, pour valoir comme exécution.

g) Tribunal d'Anvers, 24 décembre 1881 (*Pasicrisie*, 1882, 3, 58). — L'article 10 de la loi du 25 mars 1876 est général; il attribue aux tribunaux de première instance la connaissance de toutes les décisions rendues en matière civile et commerciale par les juges étrangers, de quelque juridiction qu'elles émanent.

En l'absence d'un traité conclu sur la base de la réciprocité, le tribunal doit examiner la décision et s'il la trouve mal rendue, la considérer comme non avenue et en prononcer une autre, même s'il est incompétent *ratione materiæ*.

La demande d'exequatur saisit le tribunal belge de la compétence spéciale établie par l'article 10 de la loi du 25 mars 1876 dans toute son étendue : le tribunal qui refuse l'exequatur peut, sans statuer *ultra petita*, prononcer une autre sentence, même lorsque le demandeur n'y a pas spécialement conclu. Il en est ainsi surtout quand le tribunal se borne à admettre en partie les condamnations formulées par le juge étranger.

VI. — Au Brésil.

Au Brésil, c'est un décret du 27 juillet 1878 qui réglemente l'exécution des jugements rendus par les tribunaux étrangers en matière civile et commerciale [1]. Ce règlement d'administration publique, pris en exécution de l'art. 652 de la loi du 4 août 1875, est ainsi conçu :

Art. 1er. — Les jugements étrangers, en matière civile ou commerciale, pourront être exécutés au Brésil, alors seulement qu'ils remplissent les conditions suivantes : *a*) Que la nation, à laquelle appartiennent les juges ou tribunaux qui auraient prononcé le jugement, admette le principe de la réciprocité; — *b*) Que les jugements parviennent revêtus des formalités intrinsèques nécessaires à les rendre exécutoires, selon la législation de l'État respectif; — *c*) Qu'ils soient passés en force de chose jugée; — *d*) Qu'ils soient dûment légalisés par le conseil brésilien [2]; — *e*) Qu'ils soient accompagnés de leur traduction faite par des interprètes assermentés.

Art. 2. — Nonobstant le concours des conditions énoncées dans l'article pré-

1. Ce décret a été traduit en français et commenté par M. le baron D'OUREM, ancien ministre du Brésil à Londres (*Annuaire de Législation comparée*, 1880, p. 736-757).

2. S'il n'y a pas de consul ou agent consulaire dans une localité, on devra se pourvoir de la légalisation de l'autorité locale et par le ministre compétent. La signature de ce ministre sera légalisée par le ministre des affaires étrangères dont la signature sera à son tour légalisée par l'agent diplomatique du Brésil à Paris.

cédent, les susdits jugements ne seront point exécutés s'ils contiennent une décision contraire : *a*) A la souveraineté nationale, comme, par exemple, s'ils ont
distrait un Brésilien de la juridiction des tribunaux de l'empire ; — *b*) Aux lois
rigoureusement obligatoires, fondées sur des motifs d'ordre public, telles que les
dispositions qui défendent l'institution de l'aîné et des gens de mainmorte comme
héritiers ; — *c*) Aux lois qui régissent l'organisation de la propriété territoriale,
comme celles qui ne permettent pas l'établissement de majorats et biens vinclés[1],
ou l'inaliénabilité perpétuelle ; — *d*) Aux lois de la morale, par exemple, si le
jugement a consacré la polygamie, ou des conventions réprouvées.

Art. 3. — Sont compétents pour l'exécution les juges brésiliens qui le seraient
si les jugements avaient été prononcés par des juges ou tribunaux de l'empire.

Art. 4. — Le juge, auquel sera présenté le jugement pour en obtenir l'exécution, examinera s'il remplit les conditions de l'article 1er, ou si, n'étant pas
contraire à l'article 2, il est dans le cas d'être exécuté ; s'il trouve que le jugement
est exécutoire, il lui apposera l'ordre d'exécution (*cumpra-se*). Contre l'ordonnance qui refuse l'exequatur, on peut interjeter le recours de grief (aggravo de
petição ou de instrumento).

Art. 5. — Si des doutes s'élèvent sur l'existence du principe de la réciprocité,
le juge doit demander au gouvernement, par l'entremise du ministre de la justice, des renseignements à cet égard.

Art. 6. — La procédure de l'exécution, ainsi que ses différents modes et inci-
dents, seront réglés par les lois, usages et pratiques en vigueur dans l'empire,
pour l'exécution des jugements nationaux de même nature.

Art. 7. — Mais l'interprétation du jugement et ses effets immédiats seront
déterminés par la loi du pays où le jugement aura été rendu.

Art. 8. — Dans les dix jours qui suivront la saisie dans les affaires personnelles, et dans les dix jours accordés pour délivrer la chose dans les actions
réelles, il est permis à la partie condamnée d'opposer au jugement des exceptions
fondées sur la matière des articles 1 et 2, de nullité[2], modificatives[3], offensives.

Si les exceptions basées sur ces motifs sont concluantes, le juge, en déduisant
les raisons, en fait et en droit, se bornera à déclarer le jugement non exécutoire.

De l'ordonnance par laquelle le jugement est déclaré non exécutoire, on peut
interjeter appel, qui aura les deux effets[4].

Art. 9. — Lorsque le jugement aura été déclaré non exécutoire, les pièces,
documents et autres preuves qui lui auraient servi de base, pourraient être exhi-

---

1. L'expression *biens vinclés* est empruntée à Merlin pour exprimer seulement les
biens non libres, inaliénables.

2. Un jugement est nul s'il a été rendu par un juge incompétent, suspect, corrompu ;
ou contre la chose jugée ; ou sur des documents ou témoignages reconnus faux ; ou
contre une disposition expresse de la loi ; ou en violation des formes substantielles de
la procédure ; ou enfin s'il est entaché d'une nullité reconnue en droit.

3. Les exceptions modificatives sont celles qui, ne portant pas atteinte à l'autorité
de la chose jugée, en paralysent, limitent ou modèrent l'exécution ; telles sont le payement, la compensation, la novation, la prescription, le concordat, etc.

4. Les exceptions offensives de l'autorité de la chose jugée sont celles admises en
faveur des mineurs ou autres personnes qui jouissent du bénéfice de la restitution *in
integrum* ; du condamné par défaut ; des appels en garantie dans les actions réelles ; ou
enfin, en cas de découverte après le jugement de pièces décisives retenues par le fait
de la partie adverse.

bés dans les actions qui seraient intentées dans l'empire pour le même objet, et seraient reçus selon leur valeur d'après le droit.

Art. 10. — Les jugements étrangers de partage doivent être revêtus de l'exequatur avant d'être reçus dans les bureaux de l'administration pour les effets qu'ils comportent.

Les articles 11, 12, 13, 14 déclarent également exécutoires, moyennant les formalités ci-dessus rappelées, les jugements purement déclaratifs comme ceux qui auraient décidé des questions sur l'état des personnes, les décisions arbitrales homologuées par des tribunaux étrangers, les jugements déclaratifs de faillite de commerçants ayant leur domicile dans le pays où ces jugements auront été prononcés[1]. Quant aux concordats et sursis homologués par les tribunaux étrangers, ils seront seulement obligatoires pour les créanciers résidant au Brésil, lorsque ceux-ci auront été assignés pour y prendre part et après l'exequatur[2].

Le règlement brésilien du 27 juillet 1878 que nous venons de reproduire se termine par un article qui stipule qu'au cas où une convention serait intervenue avec quelque nation étrangère, relativement à l'exécution du jugement, on observera ce qui aura été stipulé à cet égard. Mais, jusqu'ici, le Brésil n'a conclu en cette matière aucune convention.

VII. — En Danemark.

En Danemark, aucune loi n'autorise, d'une manière générale, l'exécution immédiate des jugements étrangers[3]; la personne qui voudra poursuivre dans ce pays l'exécution d'une décision judiciaire étrangère, sera obligée de se pourvoir devant les tribunaux danois contre son adversaire et de le faire condamner dans les formes de procédure ordinaires. Le jugement qui sera exécuté ne sera donc pas celui du tribunal étranger mais celui du tribunal danois.

Il faut cependant observer qu'en règle générale, le jugement étranger sera entièrement homologué et que la mission du tribunal danois se bornera à une opération de pure forme. Toutefois la partie condamnée pourra opposer devant le tribunal danois que, d'après les principes de la législation

---

1. Dans le droit brésilien l'appel produit, comme dans le droit français, deux effets : dévolutif et suspensif.

2. Cette dernière disposition n'interdit point aux créanciers domiciliés au Brésil et pourvus d'hypothèque sur des immeubles du failli y situés d'exécuter devant les tribunaux brésiliens ces immeubles et de se payer avec leur produit, en ne versant à la masse que le surplus. La survenance d'un jugement étranger déclaratif de faillite ne suspend pas davantage les actions contre le failli, intentées avant la publication de l'exequatur. Enfin la déclaration de faillite de l'établissement que le failli a dans son domicile à l'étranger ne comprend pas l'élablissement distinct et séparé qu'il aurait dans l'empire du Brésil.

3. Mentionnons toutefois une convention du 15 juin 1861 intervenue entre la Suède et le Danemark. Une analyse de cette convention suédo-danoise a été faite par M. K. d'Olivecrona, dans le *Journal de droit international privé*, 1880, p. 85.

danoise, elle n'était pas justiciable de la juridiction étrangère qui a rendu le jugement; — que, d'après la loi du pays étranger, le jugement n'était point exécutoire ou qu'il était susceptible de recours; — qu'enfin le jugement dont on demande l'exécution porte atteinte à des principes inviolables du droit danois. Tels sont les seuls moyens de défense qui, d'après les jurisconsultes danois les plus autorisés, peuvent être présentés contre une décision étrangère dont on poursuit l'exécution en Danemark; en dehors de ces moyens, le tribunal danois n'examine ni le fond de l'affaire ni la procédure suivie. Il est presque inutile d'ajouter que l'exécution du jugement danois ainsi obtenu suit les règles de la loi danoise.

VIII. — En Égypte.

En Égypte, on sait qu'une loi du 17 décembre 1875 a organisé des tribunaux mixtes qui, appliquant des codes inspirés par nos codes français, rendent bonne justice; mais les documents internationaux et législatifs relatifs à ces tribunaux n'ont pas parlé de l'exécution en France des jugements rendus par eux; quelle est donc la force exécutoire de ces décisions?

Il serait bien hardi, ce nous semble, de soutenir que la loi de 1875, en substituant à la juridiction des consuls celle des tribunaux mixtes, a voulu reconnaître même valeur aux décisions de ces deux juridictions, mais nous pensons que les décisions émanées des tribunaux mixtes d'Egypte doivent avoir force exécutoire en France, par cela seul que les tribunaux français, sans les reviser au fond, les auront déclarées non contraires à l'ordre public français et rendues par les juges compétents[1].

IX. — En Espagne.

En Espagne, le code de procédure civile de 1855, revisé le 15 février 1881, contient toute une section consacrée à l'exécution des jugements étrangers. En l'absence de tout traité diplomatique réglant la matière, les tribunaux espagnols observent vis-à-vis des jugements étrangers les règles de la réciprocité. Toutefois, s'il n'est pas possible d'établir quelle est, dans le pays d'où le jugement émane, la jurisprudence à l'égard des jugements espagnols, le code ne tient pour valables les décisions étrangères que si elles ont été rendues sur une action personnelle; — si elles n'ont pas été rendues par défaut; — si l'obligation dont l'exécution est réclamée est licite en Espagne; — enfin si le jugement étranger réunit les conditions d'authenticité requises en Espagne ainsi que dans le pays où il a été prononcé.

La procédure est d'ailleurs des plus simples; il suffit de faire parvenir les pièces, par la voie du ministère des affaires étrangères, au tribunal suprême de justice séant à Madrid. L'expédition du jugement dont on demande exé-

1. Cette opinion a été soutenue par M. Paul Fauchille, dans le *Journal de droit international privé*, 1880, p. 458 et suiv.

.cution doit être officiellement traduite en espagnol par le bureau d'interprétation des langues au ministère des affaires étrangères. Les pièces sont accompagnées d'une requête contenant un exposé sommaire de l'affaire et signé par un avocat (*abogado*) et un avoué (*procurador*). Le tribunal suprême fait comparaître le défendeur dans le délai de trente jours, et reçoit de lui, s'il se présente, des observations écrites; le procureur général du roi présente également des observations écrites, et le tribunal suprême statue ensuite sans débat public. S'il ordonne l'exécution du jugement, le tribunal suprême en charge le juge du domicile de la partie contre laquelle le jugement a été rendu; s'il la refuse, le texte original du jugement est rendu au demandeur avec cette déclaration : *no ha lugar*, il n'y a lieu.

Notons, en terminant, une décision rendue, le 28 mai 1880, par la première chambre du tribunal suprême séant à Madrid[1], aux termes de laquelle les tribunaux espagnols sont compétents pour juger les difficultés qui surviennent relativement à l'exécution d'un jugement étranger rendu exécutoire en Espagne, mais que les mesures d'exécution ordonnées par les autorités judiciaires espagnoles ne peuvent contrarier ni altérer en rien les dispositions du jugement étranger exécutoire, lesquelles, dans tous les cas, doivent produire leur plein et entier effet.

X. — Aux États-Unis.

Aux États-Unis, au moins dans l'État de New-York, il est de principe, comme en Angleterre, que la décision d'un tribunal étranger est définitive, et que le défendeur peut seulement l'attaquer pour incompétence *ratione materiæ atque personæ*, ou pour obtention frauduleuse. Le principe qui a fait reconnaître devant les tribunaux américains les jugements étrangers est un principe de courtoisie internationale; il s'applique donc, sans hésitation aucune, lorsqu'il y a réciprocité entre les nations respectives ; mais il ne peut, en tous cas, recevoir une application absolue lorsque la décision étrangère est en contradiction avec les lois des États-Unis et fait violence aux droits des citoyens américains.

Si la législation des États-Unis admet l'exécution des jugements étrangers sans reviser le fond du procès, il n'en faut pas moins requérir des tribunaux américains un jugement ordonnant l'exécution de la décision étrangère, et justifier que celle-ci a été rendue par un tribunal compétent, que le défendeur a été personnellement cité, et que le jugement a été régulièrement rendu et est passé à l'état de chose jugée.

Pour être exécuté dans les États-Unis, un jugement étranger doit donc recevoir la sanction d'un tribunal de l'État où il doit être exécuté. Le juge américain rend ainsi un nouveau jugement de pure forme, sans reviser au fond la sentence étrangère, et ce jugement est susceptible d'appel. Si la partie qui demande l'exécution d'un jugement étranger n'est pas domiciliée

1. Affaire Campo et Perez c. Cail et Cⁱᵉ; *J. de droit intern. privé*, 1881, p. 365.

dans l'État, elle est tenue, à la requête de l'assigné, de fournir caution. Ajoutons que le jugement étranger ne paye aucun droit au fisc américain et qu'il doit être revêtu de la signature du président qui l'a rendu, du sceau du tribunal, de la signature du greffier et de la légalisation du consul ou du ministre des États-Unis.

Les États-Unis n'ont contracté et ne contracteront peut-être jamais de traité international touchant l'exécution des jugements étrangers; les pays étrangers auraient peu à gagner d'ailleurs à ces traités, car la tendance constante de la jurisprudence américaine est d'attribuer à la décision étrangère un effectif définitif. « De quel droit, disait déjà sous le règne de Charles II lord Nottingham, de quel droit un royaume peut-il réformer un jugement d'un autre royaume? Et comment pouvons-nous refuser de laisser exécuter un jugement qui n'est pas réformé? Quelle confusion ce serait dans la chrétienté, si l'on nous traitait ainsi à l'étranger et si l'on n'accordait pas foi à nos jugements! » Les magistrats américains semblent n'avoir jamais oublié ces paroles.

A *la Louisiane*, les jugements rendus à l'étranger n'ont aucune force exécutoire jusqu'à ce qu'ils aient été sanctionnés par un des tribunaux compétents du pays. Pour obtenir cette sanction et rendre exécutoire le jugement rendu hors de l'État, il faut : *a*) produire un dossier complet (*record*) de l'affaire; *b*) que le jugement ne soit pas contraire aux lois de la Louisiane; *c*) qu'il soit définitif et ait été rendu contradictoirement, ou, que, du moins, le défenseur ait été cité ou assigné personnellement[1].

XI. — En Grèce.

En Grèce, les articles 858 à 861 du code de procédure civile concernent l'exécution des jugements étrangers. Ces quatre articles sont ainsi conçus :

Art. 858. — Les jugements rendus par les tribunaux étrangers, ainsi que les actes publics et authentiques passés par-devant des officiers étrangers, ne peuvent recevoir leur exécution en Grèce, à moins que le contraire ne soit stipulé par des traités[2], qu'après qu'ils auront été déclarés exécutoires par un tribunal hellénique.

Art. 859. — L'exequatur est accordé dans le cas de l'article précédent : — 1º par le président du tribunal de première instance du lieu où doit se faire l'exécution d'après la formule portée dans les articles 119 et 857, et sans autre examen du fond du jugement ou de l'acte public, si toutes les parties en cause sont des étrangers[3]; — 2º par tout le tribunal de première instance et seulement après

1. Un jugement rendu, sans assignation régulière au défendeur, dans un pays où la loi permettrait cette manière de procéder, ne pourrait être rendu exécutoire à la Louisiane.

2. Aucun traité n'existe jusqu'à ce jour entre la Grèce et une autre puissance quelconque accordant la réciprocité.

3. L'exequatur serait toutefois refusé, conformément à l'article 8 du code civil hellénique, si la décision étrangère contenait des dispositions contraires à l'ordre public et aux lois de l'État. L'exécution devra se faire, en tous cas, d'après la loi de l'État qui a ordonné l'exequatur.

l'examen du fond si l'une des parties est régnicole. Dans ce dernier cas les dispositions qui ont obtenu l'exequatur, ainsi que celles auxquelles il a été refusé doivent être signées par tous les juges et le greffier.

Art. 860. — Dans le cas de l'article 859, § 2, le tribunal ne peut en refuser l'exécution qu'autant que ces jugements se trouveront en contradiction avec des faits prouvés, ou lorsque les jugements ou autres actes publics seront contraires à des lois prohibitives de l'État.

Art. 861. — Lorsque dans le cas de l'article précédent le tribunal a refusé l'exequatur : 1º les jugements rendus par les tribunaux étrangers restent sans efficacité, et la cause doit être débattue de nouveau devant les tribunaux de l'État pour recevoir une solution ; 2º les actes publics passés à l'étranger lorsqu'ils ont été signés par les parties tiendront lieu d'actes sous seing privé, conformément aux articles qui traitent de cette matière dans la législation hellénique.

XII. — En Hollande.

L'article 431 du code de procédure civile néerlandais règle la matière de l'exécution, dans les Pays-Bas, des jugements rendus par les tribunaux étrangers. Aux termes de cet article, la règle générale est que les jugements étrangers ne sont exécutoires en Hollande que par exception, et que les actions intentées contre un sujet néerlandais ne peuvent être jugées que par un juge néerlandais. « Hors les cas expressément prévus par la loi, porte l'article 431, les jugements rendus par les juges ou tribunaux étrangers ne seront pas exécutoires dans le royaume. Les procès pourront être de nouveau intentés devant le juge néerlandais et jugés par lui. »

Les cas exceptionnels prévus par la loi dont il est parlé au début de l'article 431, sont ceux dans lesquels le code de commerce néerlandais admet l'exécution des jugements étrangers sur les droits de sauvetage en cas de sinistres maritimes et sur le règlement des avaries. Dans ces cas exceptionnels et, comme on le voit, fort limités, le jugement des juges des tribunaux étrangers n'est exécutoire dans les Pays-Bas, qu'après avoir été sur requête, déclaré exécutoire par le tribunal de l'arrondissement dans lequel le jugement doit être exécuté. La requête est présentée, et la déclaration accordée sans qu'il y ait lieu à un nouvel examen de la cause que regarde le jugement.

XIII. — En Italie.

En Italie, le code de procédure civile contient un texte qui fixe avec précision les pouvoirs des tribunaux saisis d'une demande d'exequatur. La législation italienne ne soumet les décisions judiciaires étrangères qu'à une procédure purement de forme, sans donner à l'autorité judiciaire du royaume la mission de connaître du mérite intrinsèque et du fond du procès.

Aux termes des articles 941 et 942 du code de procédure civile italien, les instances en exéquatur (*Guidizi di delibazione*) sont portées devant la cour d'appel dans le ressort de laquelle l'exécution de la décision judiciaire étrangère doit avoir lieu ; mais elle peut être portée simplement devant la cour du domicile ou de la résidence du défendeur, à défaut d'objets passibles d'exécution dont l'existence dans une localité déterminerait une compétence spéciale différente[1]. Elle ne subit qu'un degré de juridiction, mais le recours en cassation est possible. La cour d'appel saisie d'une instance en délibation n'a qu'à examiner si la sentence a été rendue par une autorité judiciaire compétente; si les parties ont été régulièrement citées[2]; si elles ont été légalement représentées ou défaillantes[3], enfin si la sentence ne contient aucune disposition contraire à l'ordre public ou au droit public en vigueur dans le royaume[4].

C'est d'après la loi du lieu où le jugement étranger a été rendu qu'il faut juger si le tribunal était compétent, si le défendeur a été cité régulièrement et s'il a été légalement représenté. Le fait que le tribunal étranger était compétent d'après la loi italienne ne serait, pour la cour saisie de l'instance en exequatur, qu'une considération secondaire; la raison décisive, c'est que le juge était compétent d'après la loi du pays où le jugement a été prononcé[5].

C'est l'article 10 des dispositions préliminaires du code civil italien qui pose ce principe, à savoir que la compétence doit être appréciée par les cours italiennes saisies d'une demande d'exequatur, d'après la loi du pays où le jugement étranger a été rendu. Quelques cours italiennes, sans méconnaître ouvertement ce principe, lui ont apporté parfois des restrictions qui nous paraissent regrettables[6]; le principe que la compétence est régie par la loi du tribunal qui a rendu le jugement nous paraît devoir être absolu d'après la loi italienne; c'est d'ailleurs le plus raisonnable en théorie et le plus facile à appliquer, souvent même le seul possible, si l'on veut que l'exécution des jugements étrangers soit une réalité. Une seule exception peut être admise, c'est lorsque la compétence du tribunal qui a rendu le jugement dont on poursuit l'exequatur résulte d'une loi contraire au droit commun des nations civilisées; par exemple, lorsqu'il s'agit de la compétence exceptionnelle établie par l'article 14 du code civil français[7].

1. En ce sens, un arrêt de la cour de Milan, du 29 octobre 1877, Franchi c. Staquo; *Monitore dei Tribunali,* 1877, p. 1092.

2. C'est au demandeur à prouver que le défendeur a été assigné dans les formes et dans les délais prescrits par la loi étrangère. (C. de cass. de Naples, 26 avril 1869, et de Florence, 26 avril 1870).

3. Un jugement par défaut ne peut être rendu exécutoire s'il n'est pas établi que le défaillant a eu, pour comparaître, le délai fixé par la loi du pays où le jugement a été prononcé. (C. de cass. de Turin, 6 octobre 1872.)

4. Serait déclaré nul et non avenu le jugement étranger qui renfermerait une contradiction ou qui violerait le principe de la chose jugée. (C. de cass. de Florence, 20 juin 1870.)

5. En ce sens, C. de cass. de Naples, 6 décembre 1866; — de Turin, 25 juin 1870, et surtout de Milan, 22 septembre 1879, Majelti c. Cisi; *Monitore dei Tribunali,* 1880, p. 22,

6. Nous citerons notamment l'arrêt de la cour de Palerme du 28 mars 1881, Anel c. Donaudy; *Circolo giuridico,* 1881, p. 193.

7. Voir notamment et ce sens un arrêt de la cour de Brescia du 14 septembre 1875,

La loi italienne ne distingue même pas, comme le fait la loi belge, s'il y a un traité de réciprocité entre l'Italie et la puissance étrangère d'où émane la décision judiciaire à laquelle il faut donner l'exequatur; mais il est indispensable, pour obtenir le jugement de délibation de citer la partie, contre laquelle la sentence dont s'agit a été rendue, à comparaître devant la cour d'appel, par procédure sommaire, à l'effet de voir déclarer exécutoire la sentence étrangère.

En principe, le tribunal qui accorde l'exequatur à un jugement étranger ne nous semble pas avoir le droit de concéder des délais pour l'exécution, alors surtout que ces délais ont été refusés par le tribunal de qui émane la sentence à exécuter; mais, il n'est pas de règle sans exception, et nous pensons que la cour d'appel de Pérouse[1], à la date du 22 mars 1877, a bien fait d'accorder un délai pour l'exécution du jugement français auquel elle accordait l'exequatur, dans une espèce où un délai s'imposait par suite d'évènements de force majeure (la maladie du défendeur) survenus après que le jugement étranger avait été rendu, et que les juges du fond n'avaient pu apprécier.

Nous observerons, en terminant nos observations sur la législation et la jurisprudence italiennes, et notamment lorsqu'il s'agit d'une cour dans laquelle les tribunaux italiens et les tribunaux étrangers sont également compétents, si les tribunaux italiens ont été saisis les premiers, il ne peut être donné exécution en Italie aux jugements des tribunaux étrangers, tant que les tribunaux italiens n'ont pas résolu la question élevée sur leur propre compétence[2].

XIV. — Au Mexique.

Nous n'avons pas de renseignements complets sur les règles qui président au Mexique à l'exécution des jugements étrangers; mais d'une décision de la 3e chambre du tribunal civil de Mexico en date du 26 mars 1874[3], nous croyons pouvoir dire que les décisions judiciaires étrangères, « qui ont été rendues comme conséquence de l'exercice d'une action personnelle, » sont seules valables, et que la jurisprudence mexicaine n'accorderait pas l'exequatur à un jugement rendu par les tribunaux étrangers en matière de succession relativement aux biens immeubles situés sur le territoire fédéral.

XV. — Au Pérou.

La législation péruvienne est à peu près muette sur la question de l'exé-

Glisenti; *Monitore dei Tribunali*, 1875, p. 1109, et un arrêt de la cour de Catane du 22 mars 1879, Ardizoni c. Rider; *Circolo giuridico*, 1880, p. 22.

1. Voir le texte de cette décision intéressante dans le *Journal de droit international privé*, 1881, p. 540.

2. En ce sens, un arrêt de la cour de Turin du 12 mars 1875, Morand c. Debene Setti; *Annali*, 1875, II, 244.

3. Affaire Ant. Gonz. de la Racilla, analysée par le *Journal de droit international privé*, 1874, page 276.

cution au Pérou des jugements étrangers[1]; pour trouver une disposition applicable en pareille matière, il faut presser l'article 5 du titre préliminaire du code civil péruvien, et lui faire dire implicitement et par voie de raisonnement qu'il est impossible d'exécuter au Pérou aucun jugement étranger portant sur des biens immobiliers situés dans la République, puisque les lois péruviennes sont les seules qui puissent affecter ces biens. Il y a aussi l'article 942 du code de procédure en matière civile, qui maintient les procédures établies par les traités ou par l'usage, entre le Pérou et les autres nations, sur le mode de remettre et de faire exécuter dans l'une de ces nations les mesures prises par les juges de l'autre. Ainsi donc, en ce qui concerne la question de l'exécution des décisions et des actes judiciaires étrangers, la législation péruvienne renvoie à l'usage et aux clauses des traités.

L'usage, c'est la jurisprudence courante, c'est la pratique. Or, il paraît que dans la pratique on distingue entre les sentences définitives et les sentences exécutoires, les mesures de pure instruction et les décisions qui imposent une charge ou créent un obstacle.

Une sentence définitive prononcée par un tribunal étranger et dûment légalisée, produirait des effets au Pérou comme instrument public, et lorsqu'elle serait présentée comme moyen de preuve. Elle servirait à constater un fait.

Pour qu'une sentence définitive fût exécutée, il faudrait, en général, qu'il y eût un traité autorisant cette exécution et désignant toutes les circonstances dont cette exécution devrait être accompagnée.

Les mesures de pure instruction s'exécuteraient au Pérou sans aucune difficulté, au moyen de commissions rogatoires.

Les décisions entraînant quelque charge, produisant quelque obstacle, quelque mesure de rigueur, de contrainte, ne seraient exécutées qu'en vertu d'un traité, et encore faudrait-il que quelque sujet du pays qui demanderait l'exécution ou de celui qui devrait l'accorder, y eût intérêt. Dans tous les cas, pour qu'une décision émanée d'un tribunal étranger fût exécutée au Pérou, il faudrait qu'elle ne fût pas contraire aux principes du droit public et du droit privé du pays; et encore ne serait-elle point exécutée en vertu de sa propre force, mais en vertu d'un exequatur accordé par les autorités nationales.

Tels sont les principes qui semblent résulter de l'usage et qui paraissent admis par la jurisprudence des corps judiciaires péruviens.

En fait de traité, il n'y a que celui intervenu le 5 novembre 1863 entre le Pérou et la Bolivie. L'article 4 de ce traité porte que les décisions, en matière civile, rendues par les tribunaux et juges de l'une des parties contractantes, serait accomplies par ceux de l'autre. On en conclut, par suite, que les sentences définitives, en matière civile, ayant force de chose jugée, rendues par les tribunaux boliviens, seront exécutées au Pérou, à la condition

---

1. Nous devons les renseignements qui vont suivre à l'obligeance de M. Pradier-Fodéré, doyen honoraire de la faculté de Lima, et actuellement conseiller à la cour d'appel de Lyon.

toutefois que lesdites décisions ou sentences ne s'opposeront, ni quant aux choses, ni quant aux personnes, à la constitution et aux lois péruviennes, et qu'elles seront dûment légalisées. Cette exécution pourra se faire à la demande des parties ou en vertu de commissions rogatoires des autorités respectives.

Quant à l'usage, la jurisprudence courante des tribunaux péruviens admet qu'une sentence définitive rendue par un tribunal étranger et dûment légalisée, doit produire des effets, au Pérou, comme instrument public pouvant servir de moyen de preuve, à constater un fait. Pour qu'elle puisse être exécutée, il faudrait qu'il y eût un traité autorisant cette exécution et désignant toutes les circonstances dont cette exécution devrait être accompagnée; or, nous avons vu que jusqu'ici, le Pérou n'a de traité qu'avec la Bolivie pour l'exécution des jugements étrangers.

XVI. — En Portugal.

En Portugal, les jugements étrangers sont soumis à revision dans le but de déterminer si les règles de la procédure ont été observées et si le jugement est juste au fond, ce qui équivaut à recommencer le procès. Cela résulte des dispositions précises de l'article 31 du code civil portugais. Ainsi, les jugements rendus par les tribunaux étrangers en matière civile et commerciale, n'ont pas autorité de chose jugée en Portugal. Ceux qui ont été rendus entre étrangers et Portugais ne sont exécutoires qu'après avoir été revisés et confirmés par une cour d'appel, les parties intéressées entendues et en présence du ministère public, sauf stipulation ou disposition contraire des traités diplomatiques. Il en est de même lorsque la décision étrangère a été rendue, non plus entre étranger et portugais, mais entre deux ou plusieurs étrangers.

XVII. — Principauté de Monaco.

La législation monégasque ne limite en rien le droit souverain du prince d'admettre ou de refuser, en totalité ou en partie, l'exécution, sur son territoire, des décisions judiciaires étrangères. La procédure à suivre est résumée dans l'article 232 du code de procédure civile ainsi conçu : « Les jugements rendus et les actes passés en pays étrangers ne seront exécutoires dans la principauté et sur les biens qui y sont situés ou en proviennent qu'en vertu de l'ordonnance spéciale du prince sur le rapport qui lui en sera rendu par l'avocat général. »

Dans la pratique on n'a qu'à recourir au ministère d'un avocat défenseur du barreau de Monaco, qui rédige une requête au prince, exposant sommairement les faits et produit à l'appui la grosse du jugement à rendre exécutoire. Cette grosse a dû, au préalable, être légalisée par un ministre plénipotentiaire ou par un chargé d'affaires ou un consul de Monaco, suivant le pays d'où émane la décision judiciaire[1]. Après cette légalisation, le

---

1. En France, la signature du président qui a rendu la décision à faire exécuter dans

jugement étranger est soumis à la formalité du timbre et de l'enregistrement, au bureau de Monaco, ainsi que les actes de signification, commandement ou autres à joindre au dossier. Le dossier est alors transmis à l'avocat général, qui examine si les pièces sont régulières et si le titre à rendre exécutoire ne renferme rien de contraire aux lois et aux usages du pays ou aux bonnes mœurs ; puis il rédige un rapport et un projet d'ordonnance qui sont soumis à l'approbation du prince.

Le prince rejette la demande ou bien rend une ordonnance qui déclare exécutoire dans la principauté la décision judiciaire étrangère, et en prescrit le dépôt au greffe du tribunal supérieur où les parties pourront s'en faire délivrer des grosses ou expéditions. Après cela la décision étrangère pourra être exécutée dans la principauté comme s'il s'agissait d'un jugement monégasque.

Si la décision étrangère à faire rendre exécutoire était par défaut, il faudrait produire un acte constatant que cette décision a été exécutée dans les délais prévus par les lois du pays étranger où il a été rendu. Si la décision est contradictoire, on devra également produire une pièce constatant que les formalités d'exécution ont été également tentées mais qu'elles n'ont pu aboutir.

Parfois l'ordonnance d'exécution du prince réserve au débiteur le droit de former opposition au jugement par défaut qui a été rendu contre lui en pays étranger ; dans ce cas, le débiteur aura la faculté de faire juger de nouveau l'affaire par les tribunaux de la principauté.

XVIII. — En Roumanie.

« Les décisions judiciaires rendues en pays étrangers, dit l'article 374 du code de procédure roumain, ne peuvent être exécutées en Roumanie que de la manière dont les sentences roumaines sont exécutées dans le pays en question, et pourvu qu'elles soient déclarées exécutoires par les juges roumains compétents. » La loi roumaine exige donc une réciprocité législative ; elle ne distingue pas entre les sentences étrangères rendues en faveur d'un national ou d'un étranger ; et les tribunaux roumains ont l'habitude d'écarter toute instance relative au fond du procès, se contentant d'accorder ou de refuser le pareatis.

La sentence étrangère — cela va de soi — ne peut être exécutée en Roumanie qu'après avoir été déclarée exécutoire par un tribunal roumain, c'est-à-dire par le tribunal du domicile du défendeur s'il s'agit d'une saisie mobilière, par le tribunal de la situation de l'immeuble en cas de saisie immobilière. Avant d'être revêtue de la formule exécutoire, la décision étran-

la principauté de Monaco doit être légalisée par le ministre de la justice, par celui des affaires étrangères, et cette dernière signature par le ministre plénipotentiaire du prince de Monaco. Les pièces à légaliser sont envoyées, en franchise par la poste, directement au ministre de la justice ; les légalisations aux différents ministères sont gratuites ; les pièces, une fois légalisées, sont gratuitement retournées à l'intéressé.

gère ne pourrait servir, conformément à l'article 610 du code de procédure roumain, qu'à pratiquer une saisie conservatoire sur les meubles du débiteur.

La procédure, pour obtenir l'exequatur d'un jugement étranger, est très simple. Le demandeur ou son mandataire remet au président du tribunal de district compétent une requête, en tête de laquelle ce magistrat ordonne la comparution des parties à jour fixe. C'est un huissier (*portarel*) attaché au tribunal qui, en vertu de cette ordonnance, délivre la citation au défendeur. Au jour indiqué les parties dûment appelées se présentent en personne ou se font représenter par un avocat[1] muni de procuration authentique.

Nous avons dit que les tribunaux roumains auxquels on s'adressait pour obtenir l'exequatur d'une sentence étrangère, ne revisaient jamais le fond du procès; mais ils examinent toujours si la traduction du jugement qu'on leur produit est fidèle, si la sentence remplit toutes les conditions extrinsèques requises pour un jugement en dernier ressort susceptible d'être exécuté, si le dispositif de ce jugement ne contrevient à aucune loi d'ordre public en Roumanie, comment enfin les jugements roumains sont exécutés dans le pays dont on examine la sentence pour laquelle on demande l'exequatur[2].

XIX. — En Russie.

En Russie, la législation actuelle montre la plus grande déférence pour les décisions judiciaires rendues à l'étranger; elle n'impose pas la réciprocité et il est de règle absolue que tous les jugements étrangers de quelque juridiction spéciale qu'ils émanent, sont exécutoires en Russie lorsqu'ils ont obtenu l'exequatur du tribunal russe compétent (arrêt de cassation du 17 octobre 1833).

Aux termes des articles 1273 à 1281 du code de procédure civile russe, publié en 1864 : « Les décisions rendues par les tribunaux étrangers doivent être exécutées en Russie selon les règles acceptées par les traités internationaux, conclus par le gouvernement impérial avec les autres puissances. En l'absence de traités, les tribunaux russes devront se conformer aux dispositions suivantes : aucune décision d'un tribunal étranger ne pourra être exécutée en Russie sans l'autorisation préalable des tribunaux de l'empire; le seul tribunal compétent pour ordonner l'exécution d'une décision étrangère est le tribunal de l'arrondissement (*okroùgny soud*) dans lequel l'exécution doit avoir lieu; — le tribunal compétent, après avoir examiné si la cause a été réellement jugée à l'étranger par un tribunal compétent, donne son exequatur sans revision préalable du fond de l'affaire; — le tribunal russe examinera si la décision ne contient rien contre l'ordre public

---

1. En Roumanie, il n'y a pas d'avoués; les avocats peuvent être mandataires des parties.

2. Deux arrêts de la cour de cassation roumaine, en date des 3 novembre 1867, et 17 juin 1869, ont consacré toutes ces règles.

et les lois de l'empire; — une décision étrangère qui serait opposée à l'ordre public ou qui disposerait relativement à la propriété des immeubles situés en Russie, ne saurait être mise à exécution[1]; — enfin l'exécution des jugements étrangers ne peut avoir lieu que conformément aux lois russes.

Celui qui veut faire rendre exécutoire en Russie une décision judiciaire étrangère produira au tribunal d'arrondissement dans lequel la sentence doit recevoir exécution : une copie collationnée par la juridiction étrangère de la décision rendue, avec la formule exécutoire, conformément aux lois du pays étranger. Cette copie sera certifiée conforme par la légation ou le consulat russe, et visée par le ministre des affaires étrangères russe pour la légalisation des signatures du ministre plénipotentiaire ou consul russe établi à l'étranger. Il devra également traduire en russe la décision qu'il s'agit de faire rendre exécutoire et fournir des copies de tous ces documents.

Le tribunal d'arrondissement saisi d'une demande d'exequatur examine l'affaire comme sommaire, et n'a pas à connaître du fond de l'affaire; mais il recherche si les parties ont été régulièrement citées, si les droits de la défense ont été scrupuleusement respectés, enfin si la décision étrangère est devenue définitive dans le pays où elle a été rendue.

XX. — En Suède et Norwège.

En Suède, le code de 1794, encore en vigueur, manque entièrement de règles en ce qui concerne l'exécution des sentences émanant de tribunaux étrangers. D'après les coutumes les plus anciennes, c'est le principe de la réciprocité qui prévaut; mais, faute de convention de réciprocité avec les États principaux de l'Europe[1], la jurisprudence suédoise n'a pas reconnu jusqu'ici de force exécutoire aux jugements étrangers.

---

1. S'il s'agissait de décisions étrangères concernant la propriété foncière russe, il serait impossible d'obtenir l'exequatur; il faudrait porter de nouveau l'affaire devant le tribunal russe compétent. — Les tribunaux russes sont également seuls compétents pour connaître d'une action en divorce entre des sujets russes appartenant à l'Église grecque orthodoxe; des décisions étrangères en cette matière ne pourraient pas être rendues exécutoires en Russie.

CONCLUSION

Après avoir parcouru et résumé les diverses législations sur la matière spéciale qui nous occupe, nous demeurons plus que jamais convaincus que la question de l'exécution, dans un pays des décisions judiciaires rendues par les tribunaux étrangers reste, et restera longtemps encore, une des plus difficiles du droit international. Certaines législations repoussent d'une façon absolue l'exécution des décisions judiciaires étrangères ; certaines autres admettent cette exécution à charge d'un examen portant sur le fond de la décision étrangère ; d'autres enfin admettent l'exécution après vérification de la forme et de la régularité de la décision étrangère ; et malgré tant de divergences, il est beaucoup de jurisconsultes éminents qui ne désespèrent pas d'arriver à ce que l'on est convenu d'appeler une union judiciaire.

L'union judiciaire, c'est un beau rêve ; combien nous sommes loin de la réalité ! Nous ne voulons certes pas critiquer les efforts des législations qui tendent à ce but, mais nous estimons qu'il est impossible, même au prix de la réciprocité, d'imposer à une nation les décisions judiciaires d'une souveraineté étrangère. Il ne faut pas perdre de vue que l'union internationale pour l'exécution des jugements étrangers ne sera jamais que le dernier mot de la science du droit des gens et comme le couronnement des efforts des jurisconsultes en vue de l'unité des principes juridiques. Ce que l'on peut espérer et souhaiter de plus immédiat et aussi de plus pratique dans l'état actuel du droit international, c'est l'admission, dans toutes les législations, d'une action ayant pour objet l'exécution des jugements étrangers ; une fois ce principe admis, la jurisprudence fera le reste ; et, au fur et à mesure que la connaissance des diverses législations pénétrera dans l'esprit des jurisconsultes de tous les pays, il n'y aura plus à redouter l'examen de la sentence étrangère par les juges du pays où l'exécution sera requise.

Une décision étrangère doit pouvoir être exécutée dans un autre pays ; le demandeur doit avoir action dans tout pays pour demander l'exécution de la sentence obtenue à l'étranger ; des magistrats doivent être déclarés compétents pour connaître de cette action ; voilà des principes qui doivent être admis dans toute législation. Mais une décision étrangère ne saurait avoir aucune autorité sans revision préalable par le juge du pays où elle doit être exécutée ; et le rapporteur du règlement général du 27 juillet 1878 relatif à l'exécution des jugements étrangers dans l'empire du Brésil, avait raison selon nous de rappeler ce principe, lorsqu'il disait : « Tout jugement puise sa force obligatoire et exécutoire dans le juge ou le tribunal qui le prononce ; ce juge ou ce tribunal tire son pouvoir de la souveraineté nationale dont il n'est qu'un simple délégué ; dès lors le jugement ne peut avoir de force en dehors des limites du territoire de la souveraineté nationale ; pour être exécutif le jugement étranger a besoin de recevoir des tribunaux et des juges du pays la force exécutoire, c'est-à-dire la sanction de la souveraineté nationale. »

TABLE DES MATIÈRES

		Pages.
De l'exécution des jugements étrangers dans les divers pays		5
Allemagne		15
Angleterre		15
Autriche		19
Belgique		19
Brésil.		22
Danemark.		24
Égypte.		25
Espagne		25
États-Unis		26
France.		2
Grèce.		27
Hollande.		28
Italie.		28
Mexique		30
Monaco (Principauté de)		32
Pérou.		30
Portugal.		32
Roumanie.		33
Russie.		34
Suède et *Norwège*		35
Conclusion		36

Fontainebleau — Typ. de E. Bourges.

PETITE ENCYCLOPÉDIE JURIDIQUE

Sous ce titre, la librairie **Pedone-Lauriel** (13, rue Soufflot, à Paris), publie une série de volumes dans lesquels toutes les matières de Droit civil, pénal, commercial et administratif se trouveront traitées, à un point de vue essentiellement pratique, et sous forme de manuels se vendant séparément. Cette collection formera un véritable **Répertoire général du Droit**, tenu constamment au courant de la législation et de la jurisprudence les plus récentes.

Voici la liste des ouvrages déjà parus :

Code des Théâtres, contenant un exposé des principes juridiques, le texte des principaux décrets, circulaires et règlements, etc., par CHARLES CONSTANT, avocat à la cour de Paris, 1882, 2e édition, 1 vol. in-12.   3 fr. 50

Code de la Chasse et de la Louveterie, contenant : 1o les Commentaires de la loi du 3 mai 1844, modifiée par celle du 22 janvier 1874; 2o le Résumé de la doctrine et de la jurisprudence sur la chasse et la louveterie; 3o un Traité sur la louveterie; 4o les principaux textes et circulaires avec formules et procès-verbaux, par P. LEBLOND, avocat à la cour de Rouen. 1878, 2 vol. in-12.   6 fr. »

Code municipal ou Manuel des conseillers municipaux, contenant l'exposé de la Législation municipale et les solutions pratiques des questions qui peuvent intéresser les communes et les conseillers municipaux, par AMBROISE RENDU, avocat à la cour de Paris. 1879, 2 vol. in-12.   6 fr. »

Code de l'Officier de l'état civil, avec tables et formules, par A. ADDENET, ancien procureur de la République. 1879, 1 volume in-12.   3 fr. 50

Code des Propriétaires de bois et forêts, locataires de chasses; de leur responsabilité par suite des dégâts causés par le gros et le petit gibier; par M. FRÉMY, juge suppléant au tribunal civil de Senlis. 1879, 1 volume in-12.   2 fr. »

Codes de la Propriété industrielle, Manuels pratiques des législations française et étrangères à l'usage des inventeurs et des fabricants, par AMBROISE RENDU, avocat à la cour d'appel de Paris :

   a). Brevets d'invention. 1879, 1 volume in-12.   3 fr. 50

   b). Contrefaçon des inventions brevetées. 1880, 1 vol. in-12.   3 fr. 50

   c). Marques de fabrique. 1880, 1 volume in-12.   3 fr. 50

Code départemental ou Manuel des conseillers généraux et d'arrondissement, commentaire pratique de la loi du 21 août 1871, et des lois relatives à l'administration départementale, au budget, à l'instruction publique, etc., par CHARLES CONSTANT, avocat à la cour de Paris. 1880, 2 vol. in-12.   7 fr. »

Code des Règlements d'Ordres, soit amiables, soit judiciaires, par A. ULRY, juge chargé des ordres à Guéret. 1881, 2 volumes in-2.   7 fr. »

Code des Réunions publiques, électorales et privées. Commentaire pratique de la loi du 30 juin 1881, par CHARLES CONSTANT, avocat à la cour de Paris. 1881, 1 volume in-12.   2 fr. »

Code des Établissements industriels, contenant la législation et la jurisprudence concernant les ateliers dangereux, insalubres ou incommodes, ainsi que tout ce qui concerne les industries classées, par CHARLES CONSTANT, avocat à la cour de Paris. 1881, 2 vol. in-12.   3 fr. 50

Code des Juges de paix, considérés comme officiers de police judiciaire, auxiliaires du procureur de la République et délégués du juge d'instruction, par A. SCOHYERS, ancien avoué, juge de paix de Courville. 1881, 1 vol. in-12.   2 fr. »

Code rural, régime du sol, police rurale, régime des eaux, etc.; par P. DE CROOS, avocat à Béthune. 1882, 2 vol. in-12.   7 fr. »

Code électoral, formation et revision annuelle des listes électorales, d'après la jurisprudence de la cour de cassation, par E. GREFFIER, conseiller à la cour de cassation. 1882, 1 vol. in-12.   3 fr. »

www.ingramcontent.com/pod-product-compliance
Ingram Content Group UK Ltd.
Pitfield, Milton Keynes, MK11 3LW, UK
UKHW021647090726
13657UKWH00004B/1815